김명동 시인 제1시집

내 아들아!

책머리에

저자의 말

우선 나의 첫 시집 '내 아들아'를 대해 주신 독자 여러분께 반가움과 고마움의 인사를 드리고 싶다.

가뜩이나 시에 대하여 독자 또는 평자들의 질타가 분분한 이 시대에 괜스레 나까지 끼어들어 시란 고귀한 이름에 행여 누를 끼칠까 싶어 시집을 내는 일에 망설일 수밖에 없었다. 그러나 늦장가에 첫 자식 고대하듯 은근히 시집 한 권쯤 가지고 싶었던 게 사실이었고 또 만용이라도 부려보는 것이 자극이 되리라고 생각하기에 이르렀다.

돌아보면 이 땅에 병들지 아니하고 서럽지 않았던 날이 어디 있었을까만, 그중에도 내 나름의 어둡던 세월이 있었기에 그때 혼자 훔쳤던 눈물이 시가 되고 막다른 골목에서 기도의 파편들이 노래가 되었다. 그래서 가시나무새처럼 시인은 아파도 노래해야 된다고 했던가.

나는 이 시집에서 가족 그리고 나를 둘러싼 이들이 가르쳐 준 삶의 방향에 대한 선한 길을 소개하고자 했다. 그리고 묵묵히 이국땅에서 가느다란 손끝으로 세상을 살아가는 참된 이들의 마음을 알아주고자 했다. 옛날 배고픈 젊은 시절 나에게 점심 한 끼를 먹여 주던 친구를 기억하는 것은 지금 나에게 인간다운 삶을 살게 하는 신호등이었다.

그러나 첫 시집을 내놓고 갈수록 부끄럽게만 느껴지는 것은 내 삶의 파편들에서 더 간절한 진실이 아픔에 이르지를 못하고 있다는 자각 때문이다. 여전히 욕심과 더러움으로 채워져 있고 그토록 씻기기를 갈망했지만 여전히 때 묻은 채 얼룩져 있기 때문이다. 그렇지만 이런 유한한 피조물이 높은 경지에 도달하려는 어리석은 날갯짓은 생명을 다할 때까지 계속되리라.

분에 넘치는 축하의 글을 써 주신 모든 분들, 해설을 써 주신 심은섭 시인님께 거듭 감사를 드린다. 그리고 나의 가장 매서운 독자이기도 한 나의 반려자 김영숙님께 처음으로 이 란을 통하여 고마움을 전한다. 많은 망설임에 용기를 주시고 이 책을 엮어 내기까지 애써주신 나향 이기순 선생님, 항상 사랑으로 부르고픈 호주문학협회 문우님들 그리고 출판을 배려 해주신 〈모던포엠〉 전형철 사장님과 직원 여러분의 노고에 감사드린다.

모든 나의 삶은 내가 만들어 간다. 조그마한 받침이 되었으면 한다.

2009년 7월

시드니 레인코브 강가에서 김명동

격려사

옥동자 탄생, 온 대지에 울릴 수 있기를

이방인의 고뇌와 인내로 익힌 문학의 열매가 한 권의 책으로 탄생되는 순간의 기쁨을 어찌 말로 표현할 수 있으리오.

〈 인간의 존재는 과연 어디에서부터 출발점인가? 혼돈의 시련 속에서 무엇이 옳은지? 어디가 길인지? 〉

시는, 언어의 원천이며 인간이 살아가는데 빛과 질서 정의와 진리의 출발점이자 역사인 것이다. 자신이 걸어온 길을 돌이켜보면서, 특히 유년의 천진난만한 추억에서부터 삶이 깃들어있는 모든 과정을 이상과 희망을 싹 틔우고 꽃피운 영혼의 고향이 문학인 것이다.

처음 김명동 시인의 원고를 받아 밤을 새워가며 읽으면서 나 자신을 되돌아보았다.

이향(異鄕)의 삶에서 시인이 영혼의 눈으로 바라본 세상, 가족으로 향한 남다른 애정, 세상에서 아옹다옹 살아가는 삶의 아픔과 역경을 극복해 나가는데 필요한 사랑과 관심, 손끝에서 멀어져 가는 희망, 이 모든 것을 사랑해야 할 이유와 가치를 詩로 가두어 표현한 의미에서 가슴이 "찡" 하였다.

그 옛날 공자는 시를 배우지 않으면 남과 더불어 말할 수가 없다고 하여 시경(詩經) 공부의 중요함을 강조했듯, 시는 우리 영혼의 일용할 양식이 고스란히 녹아 있다.

권위적이고 딱딱한 문체로 누군가를 가르치려 하기보다는 작은 인연에서부터 솔바람에 나부끼던 바람 한 잎까지도 그냥 흘러 넘기지 않고 문학으로 승화시킨 김명동 시인님의 첫시집"내 아들아"출간은 개인의 행복이기 이전에 호주에 뿌린 내린 한국문학의 자랑입니다. 김명동시인님의"내 아들아" 옥동자의 탄생이 온 대지에 울릴 수 있기를 바라며 하나님의 축복이 함께하시길 기원드립니다.

2009년 7월 시드니에서

〈사〉호주한국문학협회회장 나향 이기순

격려사

한 그루의 겨자나무로

김명동 시인은 꽤 긴 세월을 나와는 아주 가까이 상종해서 나는 그를 잘 안다.

가벼운 사람이 아니라 책임감과 성실로 그 정신을 이끌어 오고 있는 저널리스트이면서 목사요 동시에 참신한 작가이다. 사람에 대한 깊이 있는 통찰력을 갖고 있고 사람이 변덕이 없다. 그래서 정감을 아는 사람은 그 맛을 결코 잊을 수 없을 것이다.

일찍이 시드니 중앙장로교회에서 만나 인연이 된 후 23년째 끈을 놓지 않고 있다.

그는 오래 전부터 소설과 시를 써서 발표하고 있었다. 그러더니 모국의 '좋은 문학'을 통하여 시인으로 새로이 등단했다. 처음에는 의아했다. 이미 소설가로 널리 알려져 있는 그가 굳이 등단이란 관문을 다시 두드릴 필요가 있었는가 하고. 그 만큼 그는 정석의 사람이요, 그런 사람됨을 다시 내게 느끼게 하여 마음 든든하고 재미가 있다.

여기에 그 동안 여러 곳에 발표했던 시들을 한데 묶어 첫 시집 '내 아들아'를 펴내며 내게 축하 글을 청해왔다. 이번에 출간하는 첫 시집 '내 아들아'는 김명동 시인만의 남다른 시세계를 엿 볼 수 있다. 그의 시는 믿음을 바탕으로 하고 있는데, 신앙은 서정으로 승화되어 시련과 고통을 딛고 일어서려는 몸부림이요, 날갯짓이다. 아카페 사랑으로 도달하기 위한 울부짖음이다. 그래서 한 그루의 겨자나무(마태복음 13:32)를 대하는 것처럼 반갑고 시원스럽고 마음이 든든한 것이다.

시를 읽는 시간은 행복한 시간, 이 시집을 통하여 물질에만 시선을 두고 있는 요즘 세대들에게 '옹색한 외로움'에서 오는 한기를 녹여주는 따뜻함이 되기를 바라는 마음 참으로 간절하다.

호주 크리스찬리뷰 고문
시드니중앙장로교회 원로목사 홍관표

격려사

색 바랜 서정을 회복하는 선물이 됐으면

내가 김명동 시인과 첫 인사를 나누게 된 것은 20년이 된다.

월간 '크리스찬리뷰'를 창간한 직후였는데 가까운 지인으로부터 소개를 받았다.

그는 소설가였다. 질박한 옷차림에 도수가 높아 보이는 안경 속으로 반짝거리는 눈매가 한 눈에 만만치 않으리라는 인상을 받았는데 그 후 그와 나는 별 수 없이 크리스찬리뷰 발행인과 편집인으로 한 통속의 밀교를 지금껏 나누고 있다.

그런데 이미 소설가로 활약하는 그가 '좋은 문학' 신인문학상을 수상하며 시인으로 등단하더니 이번에 첫 시집 '내 아들아'를 출간하게 되었으니 참 기쁘고 찬양할만하다. 김명동 시인의 시들은 모두가 솔직하고 진실한 사랑을 노래하고 열심히 살아가는 모습을 써 놓았다. 이 시를 읽으면 그렇게 조용하고 마음 여린 그가 무슨 힘으로 거친 파도를 막아 낼 수 있었고 또 뜨겁게 작열하는 태양을 가슴속으로 받아낼 수 있었는지, 그것도 부족하여 그 많은 사람들의 슬픔과 괴로움을 평화로 달구었는지 신비로운 느낌을 가지게 한다.

김명동 시인의 첫 시집 출간을 진심으로 축하하고 이 시를 통해 무거운 마음에 위안을 받고 자신의 정체성을 확인하고 자신의 잃은 과거와 색 바랜 서정을 회복하는데 좋은 선물이 됐으면 좋겠다.

호주 크리스찬리뷰 발행인 권순형

격려사

詩는 인간 내면세계의 거울

논어 위정 편에서 공자는 "시(시경) 삼백 편의 뜻을 한마디로 말한다면 생각에 간사한 것이 없다는 것이다 (子日 詩三白 一言以蔽之 日, 思無邪)" 라고 했다.

시인은 우선 사특한 마음이 없어야 시를 쓸 수 있고 또 시를 읽는 사람도 사악한 마음이 없어야 시인의 마음을 제대로 이해할 수 있다는 뜻일 것이다.

김명동 시인과 나는 특별한 관계이다. 처가에 딸이 다섯 있는데 김 시인이 첫째 사위이고 내가 셋째 사위이다. 그러니까 친 동서간이다. 지금부터는 형님이라 표현하는 것이 더 자연스럽겠다.

우리 형님은 맏사위로서 처남들이 어려 큰아들 노릇을 해 온 셈이다. 처가의 대소사에 좌장노릇을 하면서도 항상 밝은 얼굴로 아랫사람들을 대해 주셨다.

그리 넉넉하지 못한 살림에도 하나라도 나누지 못해 안달하는, 천성적으로 착한 마음의 소유자다. 찬물을 마시고도 상대방의 마음을 편케 하기 위해 이를 쑤실 수 있는 사람으로 안빈낙도(安貧樂道)의 삶을 즐길 줄 아는 위인이다. 이런 마음의 소유자이기에 시를 쓸 수 있지 않을까. 그런 형님의 첫 시집에 감히 내가 축하의 글을 쓴다는 것은 어불성설이 아닌지. 그러나 동서관계로 30여년의 세월을 함께 겪어왔기에 누구보다 형님의 진솔한 마음을 이해할 수 있을 것 같아 축하 글을 거절치 못하고 받아들이게 되었다.

형님께서는 그동안 소설가로 작품활동을 해 오시면서 호주 크리스찬리뷰 편집장으로 계시다는 것은 이미 알고 있었다. 그러나 시까지 쓰시는 줄은 몰랐다. 근래에 한 문학지를 통하여 시인으로 새로이 등단했다는 소식을 들었는데 이렇게 첫 시집을 펴낼 줄이야. 어쨌든 이국의 고단한 삶속에서도 신학을 마치고 목사로 하나님의 말씀을 전하시는 성실함과 마음을 시로 적어 고향 떠난 사람들에게 위안의 메신저 역할을 수행한 형님을 자랑스럽게 생각한다.

여기 형님의 시 중에서 내 생각과 공감대를 형성하여 마음에 와 닿는 시 한 편을 음미해 보고자 한다. 〈언젠가, 고향에 가면〉이란 이 시는 가슴 뭉클한 감동을 준다.

몇 년 전 나는 형님의 고향을 방문하여 이 시속에 나오는 산과 거리를 거닐어 본적이 있다. 그 때 받은 느낌은 참 좋은 고장이라는 것이었다. 더욱이 병천은 3.1운동으로 유명한 아우내장터가 있는 곳이다. 그곳에서 자란 형님의 마음속 깊이 자리 잡은 나라사랑을 이 시에서 엿볼 수 있다.

기미독립운동 기념비가 있는 구미산에 올라
나라사랑을 다짐하고
유관순 누나 추모각을 찾아 가서는
님 이 걷던 길 더듬고
들려오는 님 의 목소리를 들으리라

(중략)

초등학생 시절 소풍 왔을 때를 떠올려
생각나는 동무들의 이름도 띄엄띄엄 외워보고
티 없던 유년의 옛 추억에 잠기리라

〈언젠가, 고향에 가면〉 일부

'티 없던 유년의 옛 추억에 잠기리라'는 대목은 유년의 추억만이 아니라 지고지순했던 순수한 마음의 자리! 우리 인간이 찾아가려고 하는 마음의 고향을 노래한 것 같아 아릿한 전율이 마음을 울린다. 그 추억은 그 무엇으로도 바꿀 수 없는 소중한 것, 그 자리는 세속에 물든 우리가 찾아야 될 마음의 고향이 아니겠는가.

형님이 벌써 회갑을 맞이했다. 얼마전 처가 가족들이 장모님 팔순잔치를 위해 만났을 때 교회 권사이신 장모님을 위해 축하예배를 집례하는 자리에서 어엿한 목사로 변모하신 형님의 모습이 대견해 보였다. 그 때 멀리 떨어져 살기에 자주 만날 수 없을 것 같아 형님내외를 위해 회갑잔치를 베풀어 드렸더니 손으로 안경을 올리며 쑥스러워 하면서도 즐거워하시던 표정은 오래도록 잊을 수 없을 것 같다. 이번 시집 출간이 회갑을 맞이하는 형님의 값진 기념물이 되기를 바란다. 인생은 60부터라 하는데 형님의 첫 시집 '내 아들아' 출간을 계기로 더 원숙한 인생의 내면세계를 그려내는 큰 시인이 되시기를 기대한다.

형님! 근자에 들으니 건강이 약해지셨다는 이야기를 들었습니다. 항상 건강을 살피시면서 더 좋은 글로 고향 떠난 사람들의 위안의 메신저가 되어 주시기를 기대하면서 다시 한번 축하를 드립니다.

온-생명 평생교육원장
민족정신연구소장 능산 김인술

격려사

黎明 밝히는 은은한 香氣

이민의 삶은 언제나 고달프다. 가계가 넉넉해도 그렇고, 학식이 깊어도 그렇고 지위가 높아도 그렇다. 장성하여 고국을 떠난 이들에게 이민의 삶은 더욱 고달프다. 충분히 자란 나무도 옮겨 심으면 수년 동안 앓는다는 말도 있듯, 이민의 삶은 맞지 않는 옷을 입은 듯 언제나 거북하다. 향수(鄕愁), 아련한 노스탤지어도 이민자를 괴롭히는 요물이다.

그럼에도 대부분의 이민자들은 그걸 애써 무시한다. 아니 감추고 산다고 해야 옳을 것이다. 그만큼 상흔이 깊고 고통이 크기 때문이리라.

시집 '내 아들아'는 이민생활의 애환을 그린 1부 '시드니의 바람은 뜨거웠다', 일상의 삶을 노래한 2부 '진실' 그리고 유년부터 이민가기 전까지 고국에 살던 시절에 대한 반추(反芻)를 담은 3부 '아우내 장터'로 구성돼 있다.

누구는 쉬웠을까마는, 청소를 생업으로 시작한 호주 이민생활, 판판이 어색하고 주눅 든 나날 속에서 '시드니식(式)'이 서툰 시인은 꿈속에서조차 '귀국 비행기를 타려고' 〈이민초기〉 본능적인 몸짓을 한다. 그런가 하면 자신을 중국인으로 인식한 타자로부터 "니 하오마?" 라는 엉뚱한 인사를 받기도 하고〈시드니산책 1〉, 한국인임이 분명한 이와 기차에

동승해 마주 보면서도 말 한 마디 나누지 않았던 어색함〈시드니산책 2〉의 단련 속에서 어느 덧 시인은 시드니언(Sydneyan)이 되어 간다.

그렇듯 우여곡절 끝에 머나먼 타향의 삶도 어느새 몸에 배자 이따금 '맨리 해변 찻집에서 부부가 함께 차를 마시기도 하고' 〈바다에 와서〉, '가을녘인 5월 시드니 린필드 역 앞에 함초로히 피다 지는 코스모스를 완상하는 여유' 〈토종 코스모스〉도 만끽한다.

그래도 문득문득 떠오르는 고국, 그리고 유년의 기억들, 시인은 급기야 타임머신을 타고 반세기 전 저편의 고국산천으로 거슬러 올라간다.

공산당에게 끌려가신 부친을 둔 비운의 가족사에 대한 고백〈어머니 가슴〉으로 독자를 가슴 아리게 하는가 하면, '둘째 시간 끝나기 전 하나씩 없어지던 도시락' 〈난로 위의 도시락〉에선 모락모락 피어났던 어릴 적 우정을 되새기기도 한다.

지구촌 어디에 있든, 오늘 장년(長年)의 한국인이라면 누구나 공감할 사연들을 구수한 스토리 텔링으로 엮어간 시집 '내 아들아'는 그래서 더욱 정겹다.

시드니와 서울에서 시인을 몇 차례 만난 적이 있다. 그 때마다 그에게서 느껴지는 것은 유난하지 않지만 은근히 풍겨오는 뭐랄까 재스민 향 같은 이미지다. 그 같은 분위기가 시집 곳곳에서도 은은히 풍긴다면 지나친 과장일까.

하지만 그가 대책 없는 낭만파가 아님을 우리는 곳곳에서 목도할 수 있다. 아니 그는 내면에 활화산의 마그마보다 더 뜨거운 열정을 담고 있다. 때로 그는 온갖 모순과 세기말적 현상이 난무하는 고국을 날카롭게 꼬집기도 한다 〈고국이라 찾아오니〉. 그럼에도 역시 그는 천생 한국인임을 시집의 행간 곳곳에서 발견하게 된다.

나 자신도 세 차례에 걸쳐, 이민 아닌 이민의 삶을 살아온 체험의 소유자로서 그런지, 시인의 구절구절 마디마디가 뼈에 사무치듯 와 닿는 걸 보면, 나 또한 어쩔 수 없는 한국인인가 보다.

국민일보 논설위원 윤재석

김명동 시인 제1시집

차례

제1부 시드니 바람은 뜨거웠다

꿈은 강하다 …… 28
이방인의 내일 …… 29
시드니 바람은 뜨거웠다 …… 30
이민 초기 …… 31
불법 체류자 …… 32
아카시아 …… 33
양로원에 가면 …… 34
새벽시장을 가다 …… 35
무궁화나무 …… 36
시드니 산책,1 …… 37
시드니 산책,2 …… 38
달링하버(Darling Harbor)의 황혼 …… 39
자유의 거리 …… 40
6월, 맥콰리 공원묘지(Macquarie Cemetery) 가는 길 …… 42
저녁의 시드니 항구 …… 44
킹스크로스(Kings Cross) 거리 …… 45
레드펀 거리의 아보리진 …… 46
나는 매일 참새를 기르고 있다 …… 47
내 아들아 …… 48
언젠가, 고향에 가면 …… 50

제2부 진실

비 개인 오후 …… 52
첫사랑 …… 53
산책길에서 …… 54
바다에 와서 …… 55
아침의 노래 …… 56
포옹 …… 57
파도 …… 58
토종 코스모스 …… 59
겨울 억새풀 …… 60
호숫가에서 …… 61
사랑은 …… 62
하나를 택하라면 …… 63
수첩 정리 …… 64
타인의 죽음 …… 65
가면놀이 …… 66
편지 …… 67
진실 …… 68
고국이라 찾아오니 …… 69
병상일기 …… 74
무릉도원의 꿈 …… 78

제3부 아우내 장터

유년의 시골집 ······ 80

어머니 가슴 ······ 81

삼남매 ······ 82

어머니 가슴 ······ 83

가족 사진 ······ 84

난로 위의 도시락 ······ 85

1960년 겨울 ······ 86

어린 시절 개울가에서 ······ 87

아우내 장터 ······ 88

고향집 ······ 89

젊은 아내 ······ 90

나에게 띄운 편지 ······ 91

첫 소리 ······ 92

어머니 ······ 94

장모님, 우리 장모님 ······ 95

생활을 깁는 아내 ······ 96

누나야 ······ 97

아, 병천의 건아들! ······ 100

울부짖던 님 ······ 102

제4부 한줌 밥이 되리

두 손을 모읍니다 …… 104
예배 …… 105
바다의 꿈 …… 106
주일날의 고백 …… 107
고난 주간에 …… 108
결혼 …… 110
우리의 혀는 …… 111
어느 날의 고백 …… 112
어느 가을에 …… 113
단 한 순간만이라도 …… 114
고난은 …… 115
안경을 벗는다 …… 116
따뜻한 크리스마스 …… 117
어떤 기도 …… 118
참회 …… 120
한줌 밥이 되리 …… 121
천국보험 드세요 …… 122
신수철 형제 …… 124
두만강 아이들 …… 126
윤동주 묘소를 찾는 길 …… 128
작품해설 …… 130

제1부

시드니 바람은 뜨거웠다

꿈은 강하다

꿈 속인데
새들도 날아가기를 꺼려했다
* 8,635km
먼 마을에서
새벽닭 나직이 부르는 소리
집으로 돌아가자

밤새껏 눈물짓던
별들이 쌓인
꿈꾸는 바다 위로 놓인 순금의 다리
시드니_ 병천
그 끝에서 반짝이는 사금파리
순아

*8,635km : 시드니에서 한국까지의 거리

이방인의 내일

새벽잠 더 자고파 눈꺼풀 꼬집으며
김치국 끓이는 아내의 시름진 손
가슴 누르고 가만 보다
후다닥 작업복을 입고 뛰어 나와
이 건물 저 건물로 달려가 걸레질쳤어요.

여보!
우리에게는 내일이 있어요
황량한 도시, 두려움, 그리움의
이 새벽, 삶의 둔덕을 넘어서고 나면

여보!
우리에게는 내일이 있어요.

시드니 바람은 뜨거웠다

그날, 시드니 바람은 뜨거웠지,
한국인의 안식처, 스트라스필드 광장
흘러간 내 이민의 세월 되돌아보며
참 신기하다 생각하던 그땐
왜 그리도 추웠는지.......,
힐끗 힐끗 돌아보던 백인들
그들은 그들의 미래를 알았을까.
황색 얼굴의 코리안 메이드에게 밀려나는
오스트렐리안 메이드를...
현대, 기아자동차, 거리에서 날개를 달고
삼성, LG의 상품이
그들의 상품과 키재기 한다는 것을...
하지만, 아직은 시작이야.
시작은 우리와 함께 있는 것
언제나 시작하는 마음으로 살아야 해.
시작만은 자신 있고 아름답고 찬란하니까
눈부시게 시작하는 우리......,

이민 초기(初期)

잠을 설친 새벽이었지,
시드니식(式) 방법을 까먹고는
스트라스필드 아파트에 모여
빨리빨리를 외친 촌놈들.
시내 버스에 실려나와
촌식(村式)이 아직 살아서 눈물겨운 시드니.
서는 동작, 걷는 연습
우리는 한 발자국씩 그렇게 컸지만
서울은 뜀박질을 먼저 배워
살을 비집고 뼈에 부딪히며
멀미나는 새벽달 늦잠이 뛰고
시간에 가위 눌린 신음 소리가 뛰고
주인의 불호령도 덩달아 뛰고
나는 입 안에 넘어 온 꿈덩어리를
퉤퉤 뱉으면서 어금니를 뽑았지.
그렇지만 촌식은 잘 버려지지가 않았어.
으스스 오한을 느끼면서
충전(充電)이듯 속살이 떨리는 시드니,
귀국 비행기를 타려고 뛰는 바지에
어느새 시드니式 시간이 젖어 돌아섰지.

불법 체류자

금붕어가 떼로 몰려 물풀에 숨어 다닌다.
내 손이 닿았을 때
적인 줄 알고 부릅뜬 눈에
어항 속 맑은 평화가 어둠인듯 흐려진다.
아, 금붕어의 놀란 숨가쁨
쫓기는 지느러미도 가시나무처럼 눈에
아프게 찔린다.
나는 초병인양 분별의 눈을 사방에 세운다.
이윽고 꽃 하나 건넨다.
빈 가슴 움켜쥐고 식은 땀 흘리며
몰려드는 금붕어
언제든지 오세요, 그립다 생각나면
아름다운 어항속의 금붕어여.

아카시아

길가에는 쌍둥이 나무가 있었다, 그
나무를 가리키며
어머니가 물었다, 애야
저게 뭐냐
아카시아 꽃이 피어 있었다, 아카시아
꽃이 주렁주렁 열려 있었다
'시드니에도 아카시아 나무가 있었구나'
아카시아 꽃에서 어머니와 나는
향기를 맡고 있었다
아카시아......,
작은 이파리들보다도 많은
흔들림과, 떨림과, 설렘이
내 마음속에 모여 살던적이 있었다
잠시 길섶에 내려
고향 언덕을 찾아가는 어머니
"애야, 우리 고향에 다녀올까?"
어머니의 말이, 가시나무처럼
가슴에 아프게 찔린다
어찌 그리 참으셨을까

양로원에 가면

누룽지가 먹고 싶어도
그 잘난 전기밥솥은 누룽지를 만들지 못했다
자꾸만 어린 시절로 돌아가는 노인네는
간병인에게 투정을 하고
어느 날인가 누룽지만 전문적으로 만드는 기계를 샀다
멀쩡한 밥 두 그릇인가 세 그릇인가를 다져 넣고
피자같이 생긴 서양식 누룽지를 얻었다
노인네는 자꾸만 고개를 갸우뚱 거리며
그 맛이 아니라고 한다
짜증난 간병인도 그 맛이 아닐 것이라 했다
한솥에서 밥도 만들어지고, 덤으로 누룽지도 만들어져야
제 맛인데, 누룽지만 모여 있으니 참 요상하고
맛도 그 맛이 아니다
노랗게 달떠서 주걱으로 어렵게 그 틈새를 헤치면
타각, 톡하고
맛나게 떨어져 나오던 누룽지
'다 먹으면 어떡해. 숭늉 할 것 없잖니'
귀한 양식 걱정에 어머니 잔주름 펼 날 없던 그 날에도
그렇게 어울려 살더니만
이제는 흰밥만 모여 사니 누룽지가 살 곳이 없다
간병인은 짜증만 더하고
철없어진 노인네는 누룽지 타령만 하는구나
누룽지도 홀로 있는 누룽지는
그맛이 아니더라, 정말 그 맛이 아니더라

새벽시장을 가다

어둔 밤이 꿈틀, 몸을 바꾼다.
외등이 몇 개 다투듯 꺼지고 골목들이
반쯤 얼굴을 내민다
새벽 5시, 플레밍톤 시장으로 차를 몰았다
시드니 올림픽 경기장을 지나
방향은 좌측.
배낭을 메고
캐리커를 끌고
새벽시장을 다닐 때도 있었다.
도매가격에 끌려 이것저것
욕심 부리다 보면
집으로 돌아올 땐 한없이 길게 늘어지던 팔
어머니와 아내의 활짝 웃는 얼굴을 그리며
감수하는 즐거운 고통
플레밍톤 새벽시장을 가다.

무궁화나무

린필드 초등학교 한 쪽 귀퉁이에 앉아 있는 듯
수줍게 서 있는 무궁화나무 한 그루
사람들이 등을 돌리고 멀어져 갈 때
우리에게 성큼 다가와 웃고 있네
아내의 그렁한 눈빛,
학교 청소하러 온 김씨도 보고 또 보고,
무궁화 꽃은 뱀처럼 독이라도 품었단 말인가.
하루종일 무궁화나무 한 그루
혼자 어디로도 옮겨가지 못하고
동동 발만 구르며 타는 듯 서있네.

시드니 산책. 1

여보게 자네! 방금 나에게
"니 하오마? "
그렇게 물었는가?

그런데, 여보게 자네!
자네의 질문에 대한 나의 대답은
목구멍에서 뱅뱅 맴 돌며 나오질 않고
내 속이 엄청 뒤틀려, 슬픈 눈으로
먼 하늘만 바라보는 이유를
자네같이 천박한 사람이 알리가 있을까?

지금 내 기분 같아서는
자네의 그 경망스러운 혀를
나비 같이 날아
벌 같이 쏘아주고 싶은
마음 뿐이라네!

*처음 보는 사람에게 말도 걸어 보지 않고 먼저 던지는 질문, 백인이 아니라는 이유로 몽땅 중국인으로 몰아 부치는 선입관. 나는 참을 수 없는 분노를 느낄 때가 있다

시드니 산책,2

분명, 한 핏줄 같은데….
스트라스필드 역에서부터
말 한 마디 나누지 않고
내내 마주보며 앉아왔어도
아무 탈없이
종착역 린필드에 내려
걸어 나왔다

오늘도
아무 탈없이 하루를 보냈구나.

달링하버(Darling Harbor)의 황혼

오렌지빛 서녘 하늘
거대한 태평양의 몸부림이
시드니 달링하버에 하얀 속살 들추면
괭이 갈매기도 사람도
모두 하나가 된다
포구 가득히 넘쳐나는
축제의 물결
사람들은 오색 비누방울처럼
둥둥 떠다닌다
낚시하는 사람
기타를 연주하는 사람
초상화를 그리는 사람
조명등 반짝이는 상점들마다
그들은 먹고 마시고 떠들썩해진다
한 아시안 청년
나무 계단에 쪼그리고 앉아
바다를 향해 무어라 기도 드릴 때
짝 잃은 갈매기 한 마리
옆 자리에 날아 와 가만히 귀 기울인다
가슴이 노을처럼 붉어진 그들
오래도록 서로 껴안고
차마 돌아설 줄 모른다
그대로 화석이 되고 싶은 듯.

자유의 거리
-플레밍톤 중고시장

추위를 감싸줄
전기히타를 팝니다.
최신유행의 수영복을 팝니다.
당신의 품위를 높여줄
아름다운 보석을 팝니다.
모습은 같아도 크기가 다른
신비의 인형도 팝니다.
돈이 되는 거라면
아무것이나 모두모두 팝니다.
플레밍톤 중고시장은
시드니의 옥상이 되고 마당이 되어
발가벗은 채 손님을 부른다.
유로도 좋고
달러는 더 좋고
비싸다면 깎아주고
붙잡으면 뿌리치는 정을 쌓으며
자유를 파는 거리기에
늘 함성과 웃음이 즐비하다.
신었던 운동화도 있고
입었던 드레스도 있고
자연보석 오팔도 넉넉하다.

백수정 청수정 흑수정도
자꾸만 뛰어 나오는 요술 상자다.
꿈틀대는 인간의 원초적 율동이
온통 각양각색으로 되살아나
자유의 거리에 흘러넘치고
*히잡에 힘이 빠진 이슬람소녀는
그저 넋 잃은 마네킹이 되어
서 있을 뿐이다.

*히잡 : 이슬람 여자들이 머리에 둘러쓰는 수건

6월, 맥쿼리 공원묘지 (Macquarie Cemetery)가는 길

시드니 에핑 대로(大路)는 날개를 달았지만
델 하이 샛길은 목구멍에 돌멩이가 가득하다
차창 밖 넋을 잃고 서 있는 6월
유칼립투스(Eucalyptus) 나뭇잎이
눈시울 붉히며 흩어지고
저승을 가서 울던 맥파이(Magpie Bird)
이제 돌아와
끄악
끄악
끄르륵-
이 길은 세상 건너에 있는 길이다
장미꽃밭 환한 영원의 집에는
흰 옷 입은 사람들이 시간의 차를 타고
모여 들고
청량한 잔디밭 앞에 검정 리무진이
늦가을 가벼운 햇살에 반짝이며
기다리고 있다
내 친구가 떠난 그해 6월에도 그랬다

나는 친구에게 질문을 한다
자네, 영어 때문에 그렇게 애쓰더니
이젠 좀 괜찮은가
고향이 그립지 않은가
외롭지는 않은가
이승의 삶보다는 견딜만 한가
저 쪽 세상으로 가는 길 끝에 있는 문
나도 그 길을 따라 걸어간다
어쩌지?
이 나라에서 그 문이 열린다면?
Macquarie Cemetery 영문자가 새겨진 흰 벽이
갑자기 나타나 레인코브 강물처럼
나를 보고 있다.

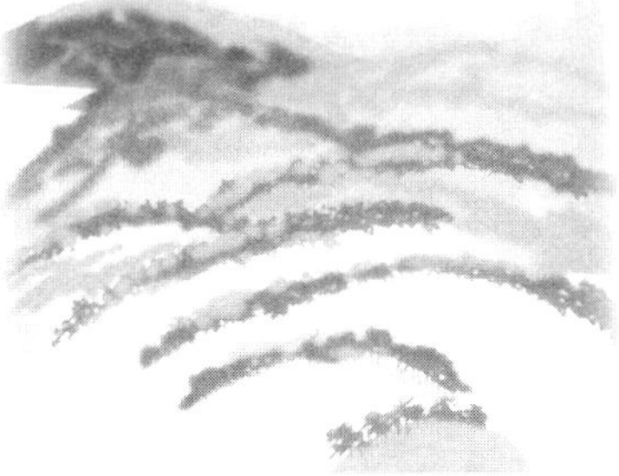

저녁의 시드니 항구

먹을 것 앞에서
얼마나 고개를 숙이기 싫은지
갈매기들은 신음 소리를 내고 있다
고개를 숙이기 전
그 눈들은 붉게 켜진 작은 전구 같다
한꺼번에 다 아프자는 건지
떼거리로 몰려 다니며
날개 달린 거지들은 쉬임없이
신음 소리를 내고 있다
여기가 지옥이라고
꾸욱, 꾸욱, 꾸욱, 일러준다
갈매기들은 이제 나뭇가지에 앉아
날개 죽지 속에 고개를 넣고 있다
수은등이 나뭇가지 위의 걸인을 비추고 있다
저 걸인의 불안한 안식이 슬프다

킹스크로스(Kings Cross) 거리

킹스크로스 거리를 우리는 한국의 왕십리라고 부른다.
*플레이버즈(Play Birds)들이 모여 환락가를 이루고
밤에는 관광객들을 유혹해 풋사랑을 주고
자존심도 수치도 쾌락 까지도
오로지 달러 앞에 무릎을 꿇고
선그라스 속에 감춘 예술은 차라리 희극이었다.
벤치에 앉아 사색을 하고 달러 냄새를 맡으면
사냥개가 되어 붉은 장미꽃 한 송이 안겨줄 벌을 찾는다.
꽃밭에서 쉬어라 나비야 날개 쉬어 가거라 벌들아
멋이 흐르고 맛이 배어있는 실크로드의 꽃이란다.
빵과 섹스와 예술은 늘 함께 흘러다니고 있었다.

* 플레이 버즈(Play Birds):플레이 보이란 말을 좀더 은근히 해서'환락의 새들' 이라고 하는데 이곳에서 밤마다 술과 함께 쇼를 벌인다

레드펀 거리의 아보리진

때묻은 두 손 포개고 머리를 조아리며 구걸을 하는
나이 어린 *아보리진 앞에 키 맞추기를 하는 사이
뒷주머니 속의 지갑은 탈출해 버렸다.

레드펀 전철역 TNT 건물 앞에서
80달러와 운전면허증
정겨운 벗들의 전화번호가 빽빽이 적힌
낡은 수첩마저도 지갑의 탈출에 가담해 버렸다.

값싼 이방인의 동정으로는
가난한 아보리진에겐 허기만 느껴
통째로 삼켜버린 지갑이었다.

나그네의 주머니와 마음은
허전함이 늦가을 바람되어 다가왔다.

시들어 빠진 바나나 한 조각
입속에 넣고 쭈욱 미끄러진 상념
영토의 영유권을 주장하며 시위하는 아보리진들의 분노
음침한 거리, 한 상점 유리창에 어른거리는데
이번엔 젊은 여자 아보리진이
팔목에 찬 시계를 잡고 또 늘어진다.

허 참,
툭
떨어지는 눈물.

*아보리진-호주의 원주민

나는 매일 참새를 기르고 있다

부드러운 가슴 깃털이 좋아
둥지 깊숙이
나는 매일 참새를 기르고 있다
입심 좋은 친구들은
코카투(Cockatoo Bird)의 시원한 소리가 좋다고 하는데
더러는 무지개 새(Rainbow Bird)가 아름답다 하고
참새보다는 인디언마나(Indian Myna)가 귀엽단다.
참새는 자유롭게 날아야 한다고
적당히 방사를 하라는구나
그러나 나에게는 목숨보다 소중하게 생각하기에
허공으로 훨훨 날릴 수는 없구나
내가 품은 참새가 떠나가는 날
내 명예도 장사 지내고
체면도 양심도 마지막 자존심도
무덤 속에 깊이 들어가는 날
무엇보다 내 삶이 보람된 것은
참새를 품고 살아가기 때문이리.

내 아들아

내 아들아,
너를 생각하면 눈물이 글썽인다.
*칼라 라인에 당혹하고, 상처입고
지쳐 쓰러지는 네가 안스러워서가 아니라
내 아들아,
너를 생각하면 허리가 아프다.
낯설어진 얼굴, 귀설은 우리말에
저토록 모서리가 깎이고
거칠어지고 때 묻은 네 손을 맞잡고
못 다한 정을 불태우고 싶어서도 아니다.
내 아들아,
너를 생각하면 가슴에 피멍이 진다.
저 이방의 억센 물줄기에 휘감겨
한 줌 모래바람에도 쉽게 무너지는
마침내 너에게까지 물려 준
아버지의 죄책감 때문에
내 아들아,
네게 뭘 말할 수 있으랴
하지만 만 리 하늘 날아와 뒤돌아 볼 엄두도 못 냈다
날이 새면 눈꺼풀 꼬집으며 걸레질쳤다

눈앞이 흔들리는 빈혈 속에서도 땅을 팠다, 내 아들아.
그러나 내 아들아,
너를 보면 힘이 솟는다.
너는 혼자가 아니라 겨레와 더불어 있고,
너는 이국에 살지만 조국과 더불어 살고,
이 *오지(Aussie)의 심장에
대한민국 하나 세우고 있는
우리의 희망이고 평화이기에
너를 보면 하늘도 부끄럽지 않다.
해돋는 나라 우리의 햇덩어리이기에.
그러기에 내 아들아,
자랑스럽다 아버지는.
옷섶 바로 잡고 너 굳건히 있으므로
대한민국 이름으로 있음으로
어깨에 힘주며 산다, 내 아들아.

*칼라 라인(Color line):백인과 황색인을 갈라놓은 선

*오지(Aussie): 호주인을 말함

언젠가, 고향에 가면

언젠가, 그리던 고향 병천에 가면
나 태어난 향리 옛집 앞에 흐르는
연초록 시냇가를 바라보며 새 힘을 얻으리라
기미독립운동 기념비가 있는 구미산에 올라
나라 사랑을 다짐하고, 매봉산 중턱에 있는
유관순 누나 추모각을 찾아 가서는
님이 걷던 길 더듬고
들려오는 님의 목소리를 들으리라
작정하고 오후 길을 떠나 노은정을 찾아가서
시인 묵객이 거닐던 숲속을 거닐어도 보고
세찬 비바람을 견뎌 꿋꿋하게 뿌리박은
노송에게서 삶의 지혜를 배우리라
어사 박문수 묘지에 들러
옛 선비들의 기상에 젖어보고
은석산에 올라서는
계곡물에 피곤한 발을 잠그고
초등학생 시절 소풍 왔을 때를 떠올려
생각나는 동무들의 이름도 띄엄띄엄 외워보고
티 없던 유년의 옛 추억에 잠기리라
석양을 등에 지고 돌아오는 저녁 길에
아우내 장터에 잠깐 들러
살아가는 안부도 조금은 물어 본 뒤
이 고장 전통 순대국밥을
옛 같이 편안한 마음으로 덥석 받으리라

제2부

진실

비 개인 오후

말짱하다
아무일 없었다는 듯이
요란한 바람
빗줄기의 바쁜 질주가
멈추었다
새침하게
시침을 떼고 있는
하늘빛이 자못
능청스럽다
내 삶에
빗줄기 요란하니
말짱하게 개이는
하늘 한 조각
가슴에 훔쳤으면.

첫사랑

논둑길
달리고
보리밭 이랑으로
실바람 달리고
진달래 핀
앞산 달리고
고운 속살에
돋은 솜털까지도
파르르 떨림이 오던
마악 피어난
붉은 반점 하나

산책길에서

소리를 만난다
나를 깨어나게 한
풀벌레 소리
대지의 침묵의 소리
말을 하느라 듣지를 못했고
분주히 사느라 만나야 할 모든 것을
만나지 못했다
나는 육지의 사막이 되고
바다의 섬이 되어 홀로 있다
후회는 하지 말자
후회는 죽음보다 더한 죗값의 무게
새로운 출발을 하자
도달하지 못해도 좋을
다만 되돌아오지 않아야 될 그곳을 향해

바다에 와서

맨리 해변 찻집에서
우리 부부는 함께 앉았다
바다가 달려와 거품 토하고
우리 앞에 쓰러질 때
우리는 바다의 처절한 목마름을 보았다

바다에 침수된 우리는
비록 모든 것이 어렵다해도
안주하지 않는 열정으로
좌절하지 않는 기다림으로
우리 또한
바다가 되어 바다 숨 쉬었다

어제는 모든 것이 아름다웠듯이
내일 또한 모든 것이 위대하지 않겠는가
하늘은 오늘처럼 우리의 석양에도
이토록 찬란한 노을빛 뿌려주리라

아침의 노래

아침7시
시드니 하버다리에서
내 차는 전동차와 나란히 달렸다

이웃과 동행하는 즐거움
서로의 내면을 읽어내는 긴장감
손 흔드는 따스함으로
하루의 시작은 생기가 넘쳐난다

없어도 나누면 풍요로운 것을
있어도 나누지 못하면 가난한 것을

모든 이의 도움으로
여기에 이르렀어도
혼자만 누리려는
자아의 관성

신호등 앞에서
내 차는 멈추고
전동차는 한결같은 속도로 달린다
이런 내 모습 낄낄거리며

포옹

'럭비공은 어디로 튈지 모르지'
모른다는 것의 묘미 때문에
인생이 살아 볼만한 것이라고
난해한 삶의 과제 앞에서
망연히 우는 나를
그가 달랬다
긴 터널이었다
어둠, 끝날 것 같지 않는 암울함
용케 견딘 의지의 막바지에서
한계를 드러내며
일탈하고 싶었다
이번에는 그가
아무말도 없었다
다만 등 뒤에서 깍지 끼며 가만히
나를 껴안을 뿐이었다
등이 따뜻해지며
절망의 깊은 골이 메워지고 있었다
그는 어떻게 알았을까
절망과 슬픔으로 사람들은
아니, 그의 남편이
유독 등이 시리다는 것을……

파도

제 부름에
일일이
응답하지 못했다고
옹이진 슬픔
깨물고 있었나 봐
내 모습을 보자마자
와락 달려와
응석하듯
뿌려대는
하이얀
눈물

토종 코스모스

토종 코스모스를 보았냐고
그녀가 물었을 때
키가 큰 놈이냐 작은 놈이냐를 두고
잠시 엇갈렸다
천만에, 여름도 다 가기 전
여름꽃마냥 피어나서 쫄레쫄레
흔들어 대던 놈들 말고
제 철에 피어난
코스모스를 가리킴이라니
웃어야 할지
아니면 별 까탈을 다 부린다
트집 잡아야 할지
사람이란 더더욱
올 때를 알고 떠날 때를 알아
역행 않는 삶이기를
토종, 진짜 코스모스가
오월 시드니 린필드 역전에서
함초로히 피다 진다

겨울 억새풀

창 밖에 한 떨기 억새풀
내 무심한 날에도
후미진 곳에 서서
억센 억새로
네 모습을 가꾸었구나
내 눈빛 기다리며
목숨 지킨 너이거늘
바라만 봐줘도 행복일 것을
잠시 건네는 눈길조차 인색했구나
참으로
무심한 나로구나.

호숫가에서

받는데 익숙한 나는
채우지 않으면 속보이는
사해가 되고 말았다

이 땅 어디에
목말라 쓰러진 사람 있을 텐데
빗장으로 잠긴 문 열 손이 없고
달려갈 발도 냉큼 움직이지 않는다

어느 날 누군가가 내게 길 막으면
나는 그때 썩은 웅덩이 되어
빈 만큼 채울 수 없는 아픔으로
지난날을 후회하리라

받는데 익숙한 나는
채우지 않으면 속보이는
사해가 되고 말았다

사랑은

바람 한 점 없는 어느 날
조그만 호수가에
날갯짓 소리도 내지 않은 채
작은 새 한 마리가 날아왔다
그저 가끔씩
조그만 부리로 물을 찍어 먹을 뿐
그러나
그것은 순간의 행동에 불과했다
시간이 흐른 후
조금씩 아주 조금씩 흔들리기 시작한 호수는
마침내
커다란 움직임이 되어 출렁이고 있었다

하나를 택하라면

1
행운이 온다는 네잎클로버를
님에게 준다고 했다
헌데 세잎클로버는 사랑이 온다구요
나는 혼동을 일으켰다
네잎클로버도 주고
세잎클로버도 주면 좋겠지만
하나를 택하라면
세잎클로버를 택하고 싶다

2
어느 지인이 나에게
14세 소년 같다고 한다

나이 먹어가면서도
철이 덜 들어
주책이라는 뜻도 되겠고
아직 어릴적 순수함이
조금은 남아 있다는 좋은 뜻일 수도 있으리라

어차피 인생은 착각 속에 사는 것,
나는 후자를 택하기로 했다

수첩 정리

일 년 동안 여닫은 수첩에서
나오는 이름, 주소, 전화번호
매일 만나던 사람
달마다 부르던 이름
한 해 지나도록 두 번이나 눌렀을까, 이 번호는
한 번도 목소리조차 나누지 않은 이름,
옛 수첩에 갇혀 나오지 못한다
보고픈 사람
그리운 이름 석 자는
끊어진 인연을 찾아
새 수첩으로 옮겨 앉지만
얼마나 오래 활자로 남아있을지
나는 너무 미끄러운가보다
잡은 손도, 껴안은 팔도
여기 또 저기서 서서히 풀려 떨어져 나가고
세밑에 서있는 내게
찬바람이 문틈을 뚫고 들어와
잃어버린 사람들의 이름을 묻는다

타인의 죽음

종점은 기어이
오고야 만다
슬픔은 커튼을 치고
세상과 이별하려고
장막을 거둔다
이제 먼 길을
떠나려 하는가
영정 하나 덩그러니
생의 이정표로 남아
하얀 국화를
쳐다본다
타인이 아닌
내 영정이 나를 자꾸만
쳐다보고 있었다

가면놀이

보세요
당신이 쓴 가면놀이는
무엇을 뜻하나요
가면을 쓰고
하는 놀이가
무슨 놀이냐 그 말입니다
가면을 벗은
당신을 보고도 싶지만
나 역시도
가면을 쓰고 하는 놀이가
더 재미있을 듯 싶습니다

편지

한 해를 노래하는 카드에
사랑한다고 또박또박 적어 놓았다
일년에 한 번 전하는 소식에는
핑크 꽃다발에 붉은 심장을 달아 놓고
그저 그런 관계라는 사람에게는
일상 적은 생활을 담아 놓고
다정한 이에게는
음악에 사랑의 노래를 담았고
한 해 동안 인사할 사람
많기도 하다
이렇게 사랑의 빚을 어느새 많이 졌구나
고루 고루 안부를 점찍어 놓고
메리 크리스마스라고 하고
해피 뉴이어 라고 쓰고
겉봉에 무지개 빛으로 칠하고
우편함에 넣고 나니
그리움이 달려온다
어떤 색깔로 답장이 올까
잠이 안 올 것 같다

진실

우리가 옷을 입었다하여
사람이 되는 것은 아니다
물 속에 있다하여
고기가 되는 것이 아니듯
숲 속에 있다하여
새가 되는 것이 아니듯
무엇으로 꾸민다는 것이
얼마나 어리석음인가

그럼에도
여유만 있다면 채우기보다
가꾸기에 모든 것을 바친다
그때부터
우리는 실체를 잃고
진실은 사라져갔다

하여, 세상은
오늘 거짓으로 가득 차고
나는 이것이 슬프다

고국이라 찾아오니

1
"고구마 팔아주세요".
고구마 몇 개 들고 절규하는
13세 소녀 가장의 매운 소리가
가슴에 저려온다.
시청 앞 광장 유리알 바닥에는
황홀한 만남이 한 해를 열고 있다
택시를 타고 가다
돌아서 고구마 소녀를 찾으니
소녀가 있던 자리
고구마 팔아 주세요.
가난의 매운 소리만 가득하다
완충지대에 선 오늘
새해 앞에 소망을 빌고 있는데
한 끼의 음식을 위해
밤늦도록 외치던 소녀
삶에 취하여 새해를 잊은 지 오래다
조계종 석탑 앞의 새해와
교회당 십자가에 걸린 새해와
청와대에서 외친 새해가
다르구나.

2
공원 모퉁이에 있는 낡은 벤치
송장처럼 뻗어있는 노숙자
벤치 아래는 소주병이 뒹굴고
날개 돋힌 시장 물가나
퇴출자의 발걸음만큼이나
새벽 공기가 무겁게 가라앉는다.
수억짜리 보석 목걸이나
고급공무원 아내의 루비이통 가방이 아닌
가족의 한 끼 호구지책
해결해야 한다는 것인데
열세 평 짜리 삯월세 아파트
현관 초인종을 누를 수가 없었다.
현관문 밖 휴지통에 버려진
가장의 명예와 권위
세월의 무게만큼이나 가라앉아
햇살을 거부하고
소주병으로 마음을 날리며
깊은 꿈속을 헤매는 저 패잔병.

3
인사동 거리는 꿈꾸는 사람의 것이다
시퍼런 꿈을 한아름 안고 나와
쏟아 놓은 꽃길이다
허연 웃음이 거기 있고
햇살 한 줌 입에 물고
다정한 이와 눈길을 따라 머물던 길이다
인사동 시인의 섬은 텅 비어 있고
봄에 미쳐서 쏟아져 나온 아낙들이
뿌려 놓고 간 사랑만 가득 찼네
저 멀리서 홍어가 막걸리를 만나고 있었다

4

전쟁 없는 낙원(樂園)이라고 찾아든 낙원골목엔
퇴색한 간판만 항복의 깃발처럼 나부꼈다
E마트에, Kim's Club에
T.V, 인터넷 홈쇼핑이 난무하는 21세기에
흥청거리는 경제부흥국가에
먼지 뒤집어쓴 채 19세기를 고집하는
추억 속 구멍가게들,
으스름 해질녘 소외감을 견디지 못한
퇴역병, 잊혀진 패잔병들이 찾아든다
베레모로 벗겨진 머리칼 감추고 황금기에
걸치던 낡은 모직외투, 목도리 두르고
어슬렁어슬렁 찾아드는 낙원골목 안,
하루 용돈 오천 원 받아들고
구겨진 3천 원으로 참이슬 한 병 받아놓고
메뉴에도 없는 콩나물국밥 시켜놓고
스쳐간 옛시인의 노래로
세상을 향한 무장을 해제한다

5
죽어라, 이유 없다
가차없는 살의의 덫과
유혹의 먹이들
누구도 안전하지 못하다
인간이 진화하면
파리가 된다.

병상일기

1
의사의 말 한 마디에
고민이 깊디깊다
고혈압에 하이콜레스토롤
위 기능 저하까지
설마 했던 바램은 물거품이 되고
CT 검사를 받아야 된다는
의사의 말 한 마디
오래전 위암으로 돌아가신
형님 생각에
정신이 아득해 온다
주위 사람들이 걱정 할 때엔
딴 세상 이야기로만
들어 넘겼던 일들
오늘따라
의사의 말 한 마디가
천근만근의 무게로 다가와
가슴이 답답하다

2
전화가 왔다.
"xx입니다"
번갯불이 머리를 친다.
참참이 책상정리를 한다.
가슴이 아프다.
얼마나 울어야
당신 마음에 메아리칠까
얼마나 기도해야
당신이 응답할까
얼마만큼 사모해야
당신이 돌아올까
얼마만큼 멀어져야
당신이 날 부를까
울며울며 홀로 가는 밤
*끼리에 엘레이숀!
끼리에 엘레이숀!

*끼리에 엘레이숀:주여 긍휼이 여기소서

3
그 때 웃으며 나가던
아내의 모습이
영영 이별인 줄 알았더라면
다정한 말 한 마디라도
더 건네었을 텐데
으스러지도록 뜨겁게 가슴에 품고
사랑한다는 말을
했을 텐데
그 때 무심히 나가던
아들의 모습이
딸의 모습이
영영 이별인 줄 알았더라면
더도 말고 덜도 말고
한 번이라도 꼭 안아주었을 텐데

4
된장찌개를 먹고도
마시고 싶은 커피
비 내리는 창밖을 보고도
마시고 싶은 커피
커피를 마실 수 없을 만큼
속이 아픈 것은
차암
불편한 일이다

5
처음부터 다시 시작하려 한다
정신없이 뛰어내려왔던 그 길을 연어처럼
느린 걸음으로 걸어 올라가
작은 물방울이었던 그 때처럼 다시
걸음을 배우려 한다
소외된 자를 가슴으로 보듬어 주고
작은 자에게 맑은 마음 비추어 주고 싶다
몸무게를 줄이는 일이 요즈음의 화두다

무릉도원의 꿈

오스트렐리아는 사회주의(社會主義)
북한은 개인주의(個人主義)
대한민국은 이기주의(利己主義)
바람 센
저 언덕위의
한 그루 소나무로
어찌 숲을 이루려 하느냐

제3부

아우내 장터

유년의 시골집

들어봐
저 소리 들리지
싸륵
송판 마루를 끄시는
쌀풀 먹은 창호지 소리.
부끄러운 새색시의 뒷모습
요정이
아직 토방에 남아
옷 스치는 소리.
들어봐
저 소리 들리지
이노옴
장판 방
할아버지의 천리안(千里眼) 너머
호통 치는 소리.
윙윙 고추바람
파르르
문풍지 소리.
흰 달빛
건너 마을 개 짖는 소리.

어머니 가슴

38선이 잘리면서
붉게 물든 겨울
햇살 한 줌 덜어놓고
기다리던 시절
하얀 마음은 멍이 들고
그 까치고개
당꼬바지 내무서원 총부리 앞에
끌려간 아버지
눈밭에 발자국 남기고
걸어오실까
사립문 열어 놓았더니
우 우 대숲 바람만 들어오고
속절없이 비워가는
어머니의 가슴은
눈밭이 되어갔다

삼남매

아주 어릴 적에
까투리와 장끼가
뜰에서 놀고
멧돼지가 마을에 나타났던
아주 먼 어릴 적에. 우리 삼남매는
총소리를 들으면서 자랐다
아, 그 무섭게 마을을
내리덮던 도깨비불들
우리 삼남매는 밤마다
꼬옥 껴안아야 잠이 들었다.
아주 어릴 적에
호박잎도 흐드러지고
아카시아꽃 냄새도 그득하던
아주 먼 어릴 적에. 우리 삼남매는
'헬로우 기브미 쪼꼬렛또' 외치면서 자랐다
흙먼지를 일으키며 질주하는 미군용 차량들
낄낄 거리는 미군병사들
우리 삼남매는
차 꽁무니를 쫓아
죽어라 신작로를 달렸다.

아주 어릴 적에
산 너머 이십 리 비탈길
산새들의 둥우리도 친구이던
아주 먼 어릴 적에. 우리 삼남매는
갈퀴나무를 긁으면서 자랐다
아아, 옛 조상들의
무덤가에 수북하게 쌓인
솔잎새 떡깔잎새를 긁으며
우리 삼남매는
메아리처럼 울었다.

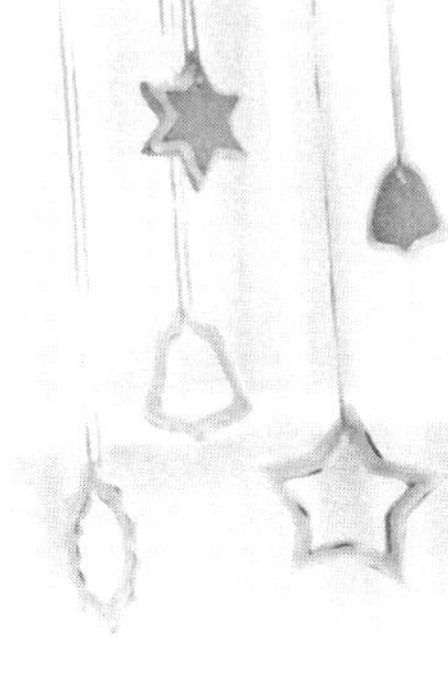

가족 사진

낡은 흑백 사진 속에
내 어머니와 자매 둘이 있다
'김치'라고 할 줄도 몰랐던지
무뚝뚝하게 굳은 표정
싸움이라도 대판
치른 듯 하다
미소가 아름다운 딸, 아들과 아내가
얼굴을 맞대고 활짝 웃고 있다
칼라 사진은
질감이 야들야들한 실크 같다
평화롭고 충만한 순간을
영원으로 인화해 두고보니
만기가 다 된 적금통장을 지닌 것처럼
공연히 배가 부르다

난로 위의 도시락

맵고 찬 겨울 날
교실 난로 위에
높다랗게 쌓아 놓은 도시락
둘째 시간 끝나기 전
하나씩 없어지던 도시락
마지막 남은 도시락은
누룽지가 되어 노랗다
물을 붓고 끓이면
가슴속 깊이 우정
모락모락 피어난다.

1960년 겨울

그냥 겨울인가
한겨울이지
아우내 시냇가에서
썰매를 타다
얼음 지치다
무덤 같은 동산
뱅글뱅글 돌다
햇살 가득 받아
출렁이는 구름다리
아슬아슬하다
결국 한 두 놈
무릎 깊이 시냇물에 빠져야
모닥불로 모여든다
나일론 양말은
어느새 따끈하게 녹아내리고
질척한 고무신
찌꺽찌꺽 울음 울면
아하,
1960년 깊은 겨울, 한겨울
약간씩 언 손발
얼른 아랫목 깊이 녹여야했다
아우내 시냇가에
널브러진 나일론 양말
그대로 전설이다

어린 시절 개울가에서

애들아, 여기 개울가에 앉아
물 흐르는 소릴 들어보렴
송사리가 유유히 헤엄치고
모래무지가 꼼지락거리는 모습을 지켜보렴
어린 시절 개울가에서
반짝이는 비늘과 신비한 지느러미에
슬며시 손을 넣어 잡아보려 했지만
재빨리 피해버린 송사리 위로
한없는 동심원만 꾸물꾸물 커져갔었지
애들아, 여기 개울가에 앉아
개구리 울음소릴 들어보렴
소금쟁이가 물위로 걸어 다니고
징검다리 밑으로 물방개가 숨어드는 모습을 지켜보렴
어린 시절 개울가에서
바지를 허벅지까지 잔뜩 올리고
옷소매를 어깨까지 걷어 올렸지만
금방이라도 닿을 것 같던 하얀 조약돌에
닿을랑 말랑 옷소매만 물에 젖었었지

아우내 장터

4월에 쏟아지는 햇살 받으며
횃불의 고장
아우내 장터를 지나칠 때면
뜨겁게 타오르던 그날이 다가온다
양들의 심장이 박동하여
하늘이 울리고 땅이 흔들리던 날
늑대의 이빨 같은 총성
폭발하는 거리 휩쓸었어라
분수처럼 솟구치는 해일
어찌 총칼로 가라앉히랴
시냇가에는 선혈이 뿌려지고
뜨거운 태극기 총칼에 찢기었어라
어둠 헤치며 빛을 갈망하던 세월
그토록 간절하여
어린 양은 늑대의 먹이 되고
핏빛 영혼 하늘로 올랐어라.
이제 추위와 어둠은 지나가고
깃을 치는 학의 모습
구구구 비둘기 떼 간절한 기도 소리
하늘로 울려퍼진다
찬란한 태양 중천으로 솟아올라
청록빛 일렁이는 4월
자유와 사랑의 용광로에서
배달의 피 뜨겁게 끓어오른다.

고향집

고향이라 찾아가니
문 앞에 쪼그리고 앉아 있던 고향이
원망어린 눈으로 바라보며
어서오라 한다

오는 정 가는 정 잡고
지난 세월 익히며 살았다는데
내 얼굴 알아보지 못하고
뉘기여 하네
셋째입니다
자네가 이렇게 늙었냐 하시며
젖은 눈을 훔치고 있다

고향 산천이 세 번 변하고
다른 사람이 되었는데
그것은 잊어버리고
나만 늙었다고 한다

가는 세월 누가 막으랴
긴 세월에 길이 나서
윤이 나는 석가래를 보니
가야 할 길이 보인다

젊은 아내

어디였을까?
낯설도록 젊은이가
싱그런 나무 아래서 웃고 있다.

여름 잎사귀 보다 더
파랗고 싱싱한 그이는
방금 눈에 띈 사과처럼
수줍게 수줍게 웃고 있다.

눈이 부시게 햇살같은
저이는
짐작컨대 한 사내를
사랑하고 있으리라.

기쁨이 넘치는
맑은 하늘같은 얼굴
오!
그 파릇한 과일에 검은
벌레의 흔적처럼
세월이 지난다.
한 장의 사진에
물 한 방울 떨어진다.

나에게 띄운 편지

바람 고운 갯바위에서
황혼을 바라본다.
깨끗하게 늙고 싶어……,

세상의 모든 것
멀리 멀리 뒤에 두고
저 황금빛 융단 위를 걸어서
아스라이
까만 한 점으로 보일 때까지 깊숙이 걸어서
명백하게 혼자임이 으스스 무서워질 때

뒤돌아 보며
서 있던 이 바위도 흐릿해지면
되돌아 건널 수 없는
차라리 편안한 강이 되겠지.

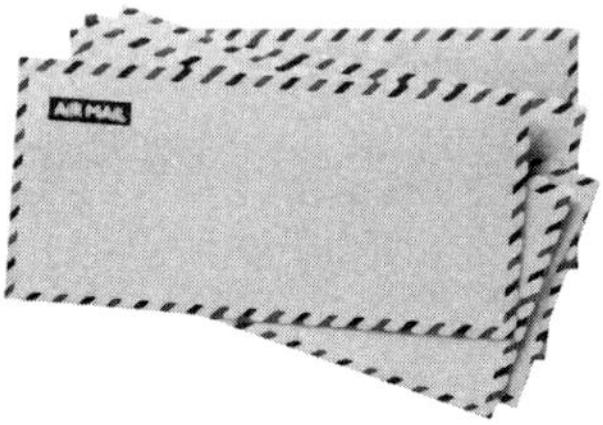

첫 소리
-첫손자 노아(Noah)의 탄생

요 녀석,
요 조그만 녀석,
네 소리가 크면 그 얼마나 크랴 싶었는데
하, 네 첫 울음 그 소리에
별들이 죄다 내려와
기웃거리는구나
위에서는 별들이 몰려오고
깊은 곳에서는 웃음이 솟아올라
네 엄마 아빠의 기쁨을 보태주는데
네 고사리 손에 만져지는 이 아침,
하늘에서도,
보기에 아주 좋다 그러시는구나.

First Cry
- To Our First grandson, Noah

Hey cutie,
Hey little cutie pie,
The whole world hears
Your first cry!
Your resounding cry,
Tickles our senses,
Makes us giggle,
Without defenses.
Stars shower down their sparkling applause,
Laughter arises from our heart,
Heaven, too, rejoices
this morning, when we kiss
your soft little face.

어머니

우리가 철없었을 때
어머니는 어린 탓이라 감싸 주셨는데
오늘은
어머니가 연로해 철없었을 때
우리는 속상해 화를 냈습니다

우리가 잘못 했을 때
어머니는 바르게 되라 꾸짖었는데
연로한 어머니가 잘못했을 때
우리는 우리 속상해 꾸짖었습니다

우리가 아팠을 때
어머니는 대신 아프게 해달라 기도했는데
연로한 어머니가 아플 때
우리는 노환이라 가볍게 생각했습니다

우리가 정신 잃었을 때
어머니는 우리가 잘못될까봐 괴로워하셨는데
연로한 어머니가 치매로 쓰러질 때
함께 고생할 온 식구들 생각으로 걱정이 앞섰습니다

어머니
우리는 이렇게 큰 은혜를
불효로 갚았고
오늘 하루는
어머니 생각으로 괴로워 울고 있습니다

장모님, 우리 장모님
-80회 생신을 축하드리며

스무 해 곱게 기른 맏딸을 건네시고
남 몰래 흘린 눈물 어떻게 없다 할까
하루도 시집간 딸을 잊으신 적 없었으리

외손녀 외손자가 잇따라 태어나서
오순도순 사는 걸 보실 적에
때로는 기쁘신 날도 더러더러 있었을까

마흔에 혼자된 후 관절염과 싸우면서도
자손들 잘되라고 손 모아 비올 때에
하늘도 무심치 않아 그 뜻대로 되었네요

새벽마다 무릎을 꿇고 이름을 부르는 장모님
자녀 손 31명이 제 몫을 다하오니
평안히 큰 건강으로 백세 수를 하옵소서

생활을 깁는 아내

칠흑 같이 어둔 밤 아내가
차가운 방에서 해진 생활 깁고 있다.
어둠속 희미한 불빛으로
하늘에 떠 있는 구름을 붙들기 위해선가
수십 년 전 추억속의 바느질 고리
첨단문화 모퉁이서 오늘도 바느질을 하고 있다.

고무풍선처럼 된 나는
허공에다 바벨탑만 쌓고 있는데
차가운 방에 앉아 찢긴 마음 깁고 있다.
멍든 보릿고개 향수에 젖었는지
오염된 세상이 역겨웠는지
볼멘소리만 내는 가위질을 하고 있다.

가난한 살림에도
얼굴 한 번 찌푸리지 않던 아내
육순이 된 제자신도 잊은 채
낡은 바느질고리를 열어젖히고
밝은 내일 새날을 맞기 위해
밤이 깊도록 해진 생활만 꿰매고 있다.

누나야

1
누나가 시집가는 날 목 놓아 울었다
꽃가마 타고 동구 밖에서 외길로 가더니
뒤돌아보지 않는 누나가 미웠다

누나와 한 이불 속에서 이불자락 끌어당기며
한겨울 서로 몸을 데우며 살찌우던 겨울이 있었다
이별 연습을 많이 하여 둘걸

동구 밖으로 돌아가던 꽃가마,
누나 따라 같이 가자고 하고 싶었는데
그러면 안 된다니 시집살이 못하고 돌아오면 하다가
도리질을 하였다

2
언제나 방긋이 웃어주던 그 얼굴
때로는 상냥히 타이르던 그 말소리

힘든 일에 애 먹을 땐
누나는 웃으며 "도와줄까"말했지
칭찬받고 시퉁할 땐
누나는 조용히 "그럼 안되지"하였지

이제는 나도 커서 대장부되었지만
그래도 누나 생각 자꾸만 나네
누나가 계속 내 곁에 있어주면
참말이지 나도 계속 아이가 되어도 좋을걸

누나가 생각나
언제나 방긋이 웃어주던 그 얼굴이

3
미안한 맘으로 전화를 건다.
음력 달력에 무관심 하다보니
어느 틈에 지나간 누나의 생일
세상에 하나 밖에 없는 누나
올해도 또 놓쳐버린 원망의 세월.

4
이번 가을에
살림살이를 들고
내게로 와서
보따리 풀어
한 번 울겠다던
누나야.

태풍 비바람에 속이 긁혀
아파버린 이 가을 같은
누나야.

그래도 꼬옥 와야 한다.

아, 병천의 건아들!
-병천초등학교 양궁 금메달 축하

충절의 고장
아, 병천!
울려 퍼질 때
찡하고 꽝하고
심장을 때렸네

이 날도
해냈네, 병천의 건아들
토종 한우, 순대국밥 먹더니
옹골차고 당찼네

눈물이 나네
그저 고맙고 감사하네
대견스럽고 자랑스럽네
얼시구 좋다

아우내 거리가 다시 함성으로 출렁거리고
매봉산 새들도 즐거워서 합창하네
구미산 나무들이 손잡고 춤을 추고
동부 6개면 이웃들도 덩달아
병천사람이 되었네

미래의 희망을 싣고 비상하는
아, 병천의 건아들아
이 여세를 몰아
나라 구석구석을 누비며
거침없이 달려가거라

장하다, 병천의 건아들
올라라 높이 올라라
누구도 넘볼 수 없는
병천이란 이름을 달고서.....

울부짖던 님
-유관순 열사를 추모하며

유관순 열사 일어선 간두(竿頭)에는
햇빛을 가리는 먹구름 덮고
게다짝에 짓밟힌 치욕(恥辱)의 산하
하늘이 울고 땅이 울고
온 겨레가 가슴을 치며 통곡했어라.

절치(切齒)하며 일어선 님
비바람과 눈보라가 몰아치는 아우내 장터에서
도둑괭이를 쫓기 위해서
호국(護國)의 횃불을 높이 치켜들고
일편단심의 붉은 피를 뿌렸어라.

죽어서도 영원히 살아있기에
매봉산 정상에 우뚝 선 님의 모습
고련근(苦楝根)에 담낭(膽囊)을 씹어가면서
조국을 위해 바친 충혼(忠魂)
겨레의 가슴마다 불씨를 심었어라.

갈증이 일어나는 배달겨레의
울음이 맺힌 한을 풀지 못하고
피를 토하며 울부짖던 님
오늘이 악몽의 그 날이라면
형극(荊棘)의 길을 나도 따라 가곱구나.

제4부

한줌 밥이 되리

두 손을 모읍니다

고난이 올 때
세상을 기웃거릴까
두 손을 모읍니다.
병이 들었을 때
절망에서 님을 원망할까
눈물짓습니다.
삶에 실패할 때
불의와 적당히 타협하고
살아갈까 두려워
무릎을 꿇습니다.
님이여!
언제나
당신 속에서 살아가는 것을
알게 하여
넉넉하게 이기게 하소서.

예배

정갈하게 다듬은
순백색 아침
일상에서 탈출하고
님과 마주 앉은 자리
청빈한 마음 하나 올리고
받아 쥔 은혜
너를 사랑한다
언제고 함께 하리라
밀물이 되어오니
작은 행복이 번져오네

바다의 꿈

멀리서 보았던 바다는
한가로이 쉬고 있었습니다
가까이 와서 본 바다는
통곡하며 스스로를 씻고 있습니다
흰 물거품을 입에 물고

바다가 저토록 아파할 때
나는 누구를 위하여
저토록 괴로워 한 적이 있었는가
네가 있음으로 내가 있고
내 있어 네가 있는
세상이 하나 될 때
비로소 아름다워지는 것을

바다에 오기 전에
나는 세상만큼 더러워져 있었습니다
바다에 온 후
나는 바다처럼 청결해지고 있습니다

주일날의 고백

나의 설교는
성도들을 위해 차린
하늘에서 장 봐온 거룩한 식단입니다

나의 기도는
설교가 하나님의 음성이길 바라는
간절한 소망입니다

나의 축도는
말씀이 되어 세상으로 가라는
출발의 축복입니다

고난 주간에

주님은
바람이 이는 듯이
내게 다가와
손을 내밀었습니다.

젖어 있는
눈으로 물었습니다

바람에 이는
멍울진 심장으로
그 님은 바라보았습니다

나는 그 이슬에
이끌리어 따라 나섰습니다

어디로 가느냐고
감히 묻지 못하고
잡힌 대로
여기까지 왔습니다.

바람 부는 밤을
비오는 길을
무릎으로 언덕을
기어오르고
행복했습니다.

빛으로 가는 길
생명의 길이라고 말하기에……

결혼

당신과 같은 주소를 갖고 싶었습니다
왠지 행복할 것 같았습니다
당신과 같은 열쇠를 사용하면

닫힌 열쇠 구멍 속에 우리만의 천국을 이루고
지쳐버린 하루의 끝엔 둥근 당신의 팔 베고
그대 숨 소리 들으며 잠들고 싶었습니다

둘이 하나가 된다는 것은
하나를 둘로 나누는 것보다 어렵고
두 외길이
한 길로 이어지기 위해서는
고통과 아픔이 따름을 알면서도
내 이 길을 선택함은
당신을 사랑하는 까닭입니다

우리의 혀는

우리의 혀는
마른 하늘 번개다

서슬 푸른 언어의
단칼에 쓰러진
저 사자(死者)들을 보아라

가롯 유다의
동전 같은 가슴에 번쩍이는
모반(謀反)의 번개
번갯불의 칼춤

우리의 혀가 깃을 세울 때
진실은 우리로부터 달아나고
숨어서 또아리를 튼다
독(毒)을 품는다

우리의 혀가 길 때
우주 밖의 고아가 되어
홀로 떠도는 별

우리의 혀는
마른 하늘 번개다

어느 날의 고백

내가 주님께 갖다드린 것은
허물, 죄, 가난, 질병, 나약함……,
내가 주님께 한 일은 갈보리 십자가에
못 박아 매달아 놓은 것 뿐인데

진노라도 쏟으시면 벌이라도 내리시면
낯 뜨겁고 부끄럽지도 않으련만
내가 무엇이기에 그래도 그것이 나를 위한
사랑이었다고 말하십니까

주님의 멸시는 내가 받을 멸시
주님의 피흘림은 내가 죽을 죽음
주님이 살아남으로 내가 살아나고
이토록 송구함이 어디 있습니까

날 위해 심장까지 깨뜨리신 주님
오늘
거기 떨며 서 있겠습니다
허락 하시겠습니까?

어느 가을에

많이 거둬도 남지 않고
적게 거둬도 모자라지 않는 것은
공평하신 주님의 은총입니다
아직은 광야인데
모래바람과
모자람과
두려움과 염려가 아주 없으랴마는
여기까지 도우신 손길
어찌 거기까지 못 도우시랴
사랑하는 이여
울지 말고 웃으십시오
울면 슬픔이 오고
웃으면 기쁨이 옵니다
이 땅에는
나보다 더 아픈 사람 가난한 사람
괴로운 사람 실패한 사람이 많이 있습니다
그만한 일로 쓰러지면
일어서지 못한 사람 어찌 손잡아 주며
넘어진 사람 어찌 일으키겠습니까
일어나십시오
주님이 하사하신
오늘보다 더 밝은 내일을 맞이하기 위해......,

단 한 순간 만이라도

단 한 순간 만이라도
당신과
내가
바뀌었으면 좋겠어요

그래야
당신도
알게 될테니까요

내가, 당신을
얼마나 사랑하는지

고난은

허용적인
시험도구

편안할 때는
빈 독

모래알을
껴안은
진주

황홀한
꿈

안경을 벗는다

안경을 벗고나니
님은 더욱
내게
가까이 와 계시네.

따뜻한 크리스마스

내게 있는 것이
물질이라면
조금만 나눠도
절망과 한숨짓는 누군가에게는
잊혀지지 않는 크리스마스가 됩니다

내게 있는 것이
마음이라면
다정히 손 한번 잡아줘도
병든 누구에게는
감격의 병상이 됩니다

내게 있는 것이
영성이라면
단 한 번의 기도로도
고독한 누구에게는
희망의 자리가 됩니다

사랑하는 이여
나 한 사람 변화된 것만으로도
세상은 이토록 따뜻해질 수 있습니다

어떤 기도

개울물 흐르는 소리에
섞이는
기도가 있습니다

두 눈을 뜨고서
하늘을 올려다 보며
간절히
아뢰는 소리입니다

–오, 그래 너냐
좀 피곤해 보이는구나

–아직은 견딜만 하군요
속만 썩지 않는다면요

–아무렴, 견뎌야지
그리고
속은 썩어야 새로 되는 법이고

—그렇군요……

언제나처럼 말없이
등을 토닥거려 주시는
그 분의
손길이 있습니다

두 눈을 감고서야
비로소 하늘이
제대로 보입니다

참회(懺悔)

허물 속에
오래 묻혀 있던
나는 비늘을 벗는다.
약점을 피신시키지 않고
이브의 낯붉은 금과(禁果)
꼭지 떨어진 음모(陰謀)가
몇 알
굴러 나온다.
'內部受理中',
아니, '喪中'이라고 써 붙일까.
나의 죽음을
비망(備忘)의 널판지에 넣고
꽝꽝 대못 치는
견고한 망치 소리,
비로소,
나의 선두(先頭)에서 휘파람 부는
님.

한 줌 밥이 되리

너무 오랫동안 나 살길 찾다가
나는 나를 잃어버리고
밥그릇만 챙기는 욕심쟁이가 돼버렸습니다
무너질 곳에 너무 깊이 뿌리내려
나는 나를 잃어버리고
내 키 키우기에 여념 없는 교만한 자가 돼버렸습니다
너무 세상 가까이 살다가
나는 나를 잃어버리고
나밖에 모르는 추악한 사람이 돼버렸습니다
주님
나도 주님처럼
밥이 되게 하소서
모든 이의 밥이 되게 하소서

천국보험 드세요

당신의 영혼을
천국보험에 들어 보세요

당신이
땅 부자라도
오늘 밤 죽음이 온다면
땅을 짊어지고 못가잖아요
당신 장롱 속에
금 은 보석이 가득차도
못가지고 가요

그런 당신에게
오늘, 난
당신의 영혼을 위하여
천국생명보험 들어보라 말하고 싶네요
당신의 믿음만
생명보험에 싸인 하시고
일주일에 한 번
보험사 출근도장 찍으시면 돼요

당신에게
돈 달라 안해요
당신에게
집 달라 안해요
그저, 당신은
천국보험만 믿음으로 싸인하면 돼요
믿음은
예수그리스도를
내 영혼의 주인으로 인정한다 싸인하세요

난 천국보험을 들라고 권하는
보험사 직원이랍니다

당신에게 한 마디
샬롬

신수철 형제

린필드 퍼시픽 하이웨이(Pacific HWY) 441번지에서
그를 처음 만나던 날
주님의 눈빛을 보았다.

발 달린 소문 타고
입방아 찧는 자리에선
바나바처럼 화해를 만들어 내는
뼈 없이 좋은 사람
사도행전 11장 24절.

윗사람 앞에선
우러르는 심성으로,
어깨 맞대는 동료에겐
맥을 짚듯 깊은 마음으로,
아랫사람 대할 땐
매만지듯 따뜻한 사랑 피어나
감싸고 끌어안는다.

그 평가 오늘에 돋보여
환하게 피어난다.
일 앞에 언제나
젊음을 사는 사람
우뚝 서는 사울을 바울 만들고,
예루살렘에 꽃피우고
안디옥으로 로마로
교회사 엮어냈듯이
그대 발 밑에 바퀴 달고
이리 뛰고 저리 뛰는 정열이어라.

사람마다 간직한
아름다운 꽃씨를 싹 틔우는
하얀 기도.
그를 만나던 날
눈에 어리는
주님의 미소를 보았다.

* 속이 허허한가. 그를 찾아가 보라
서울 삼성동 포스코(POSCO)에 가면 그를 만날 수 있다

두만강 아이들

강가에 잡초가 우거지고
다리의 절반을 페인트 색으로 갈라놓은
두만강 강둑 위에
아픈 역사 전혀 모르는 조선족 아이들이 뛰논다.

물장구 치고 싶으면
언제든지 장딴지 걷어 올리고
첨벙첨벙 뛰어드는 이 강이
어떤 사연을 안고 있는지 조차 모르는 아이들

그러나
정성스레 목에 건 소중한 열쇠
굳게 닫힌 마음문 열고
한겨레 한민족의 응어리진 한을 풀기 위해
어린아이는 고이 간직하고 있었다.

어깨를 나란히 하고
북녘 땅 병풍삼아
영원히 남을 소중한 기억 남기려
해맑은 웃음으로 강둑에 섰다.

침묵의 두만강엔
우국혼 한 되어 조용히 흐르고
다리 건너 북녘형제들
언제 만나려나 기다려진다.

만주 땅 연해주 땅
나라 잃고 떠돈 가슴들
두만강변에 한데 모여
통일가를 불러 볼 날
언제나 오려는가 더욱 기다려진다.

윤동주 묘소 찾는 길

길이 아니었다
도저히 갈 수 없다고 우겨대던
안내원의 말이
거짓말이 아님을 실감했다.
가까운 길이 아니었다
그곳에 다녀오면 다른 곳은
힘들거라는 말이
괜한 공갈이 아님도 느껴졌다.
하늘을 우러러 부끄러움 한 점 없이
살려고 몸부림치던
시인 윤동주의 묘소는
북간도 용정 땅 한적한 곳에
외롭지 않게 공동묘지에 안장되어
오늘도 여전히 시를 읊고 있었다.
콩밭사이로
옥수수의 하얀 수염 쓰다듬으며
시오리길 진흙탕 길을
무거운 발걸음 한 발짝씩 옮기며
걸어가야 할
힘든 길이었다.

'내를 건너서 숲으로
고개를 넘어서 마을로
어제도 가고 오늘도 갈
나의 길 새로운 길'
시인 윤동주는 이렇듯
늘 새로운 길을 걷고자 했기에
흙냄새 물씬 풍기는 진흙탕 길도
기쁜 마음으로 우린 걸어야 했다.

김명동 시인 제 1 시집 ⟨⟨내아들아⟩⟩評說

시는 문학의 지식이 아니라 삶의 실천

심 은 섭
⟨시인 · 문학평론가⟩

그 삶의 무늬를 살펴보며

김명동 시인의 시집에 실릴 시 해설에 대해 여름 어느 오후 시간에 갑작스럽게 원고 청탁을 받았다. 부탁하는 분은 평소 알고 지내던 잡지사의 발행인으로 거절을 할 수 없는 관계가 이렇게 김명동시인의 시해설을 쓰게된 동기이다.

김 시인의 작품 하나하나를 꼼꼼히 읽고 분석을 해 갈 무렵, 문득 '시는 문학의 지식이 아니라 삶의 실천' 이라는 생각이 나의 뇌리 속을 유영했다. 하여, 가치적인 문학성을 눈저울에 달아 보는 시 해설보다는 김명동 시인이 타국에서 남긴 흔적의 무늬들을 고통의 색깔별로 분류해야겠다는 생각이 앞서갔다. 그러므로 순수 문학적 가치를 따지는 시 해설이 보다는 김 시인의 삶 자체의 줄무늬를 찾아 따라 가고자 함이었음을 미리 밝혀둔다.

8,635km
먼 마을에서
새벽닭 나직이 부르는 소리

집으로 돌아가자

-「꿈은 강하다」일부

8,635km라는 계량화된 수치는 시드니에서 한국까지의 거리를 말한다. 김명동 시인은 날마다 바다를 퍼올리고 있다. 그것은 먼 마을에서 새벽닭 울음소리 나직이 들려오는 집으로 가기 위해 8,635km를 달려야 하기 때문이다. 우리는 8km도 먼 거리를 생각하는데 김 시인은 8,635km를 가려고 한다. 고향에 대한 강한 그리움의 집착으로 구체적인 수치까지 서슴없이 제시하고 있다. 먼 이국 땅 생활전선에서 격투를 하는 전사로서 갈 수 없는 곳을 향한 반어적 역설로 표현하고 있다. 추상적인 지각에 의해 구체적인 행동이 마음속에 재생되고 있는 것이다. '8,635km'와 '먼 마을'이라는 비유적 서술방법에 의해 대립적 관계를 이루면서 끝에서는 같은 상징으로 목적지를 나타내고 있다. '마을'과 '닭'과 '집'이 개개의 요소로 작용하는 것이 아니라 하나의 결합으로 이미지화 되고 있다.

여보!
우리에게는 내일이 있어요

-「이방인의 내일」일부

위의 싯귀를 보면 단순하고 평범한 논리일 수도 있으나, 향수병에 시달리는 이방인이 아니라 향수에 젖으며 내일의 희망을 캐고 있음을 직감할 수 있다. 이런 행위가 어찌 보면 김명동 시인이 추구하는 '시는 문학의 지식이 아니라 삶의 실천' 이라는 말에 대해 증명할 수 있는 단서가 될 것이다. 단순표현으로 생생하게 전달하고자 했던 의미를 이미지처리로 구체화시켰다고 볼 수 있다.

스트라스필드 아파트에 모여
빨리빨리를 외친 촌놈들
(중략)
귀국비행기를 타려고 뛰는 바지에
어느새 시드니式 시간이 젖어 돌아섰지

-「이민초기」일부

점점 자신도 모르게 이방인으로 변모해 가는 것을 인식한 시적 화자는 메이드 인 코리아를 잊지 않으려고 스트라필드 아파트에 모여 빨리 빨리를 외치고 있다. 김 시인의 힘겨운 삶의 뒤안길이 실루엣처럼 투명하게 보인다. 이처럼 시각적 이미지를 통시태[通時態]적으로 감각화하는데 어느 정도 성공된 부분이라 할 수 있다. 또 이동시점에서 은유의 보조관념이 신선하게 처리되었다. 늘 불확실성 시대에서 불안을 안고 살아가는 인간이 갈구하는 하는 것은 불안에서 빨리빨리 벗어나려는 강박관념을 떨쳐버리는 일일 것이다. 아니면 '빨리빨리' 라는 행위의 개념을 구체화하여 소유의 목적을 달성하려는 한국형 특유의 문학적 감각인지도 모른다. 이렇게 김명동 시인은 바삐 살면서도 일면에는 새로운 생활양상을 보이기도 한다.

금붕어가 떼로 몰려 물풀에 숨어 다닌다.
내 손이 닿았을 때
적인 줄 알고 부릅뜬 눈에

어항 속 맑은 평화가 어둠인듯 흐려진다.

－「불법체류자」일부

그는 포용이 결코 동정이 아니라 새로운 행위를 탄생시키는 에너지라 생각했기에 그 포용의 힘에 대해 잘 알고 있다. 그리하여 '불법체류자' 라는 용어 대신 '금붕어' 라고 은유를 하고 있다. 이것은 그의 시세계를 구성하는 메타포인 동시에 일종의 겸손이다. 따라서 이방인의 몸에서 유행가처럼 흘러나오는 서글픔에 대한 스스로 치유하는 하나의 방법이며 적절한 나에 대한 보상이라고 생각했다. 그러나 '어항 속 맑은 평화가 어둠인듯 흐려진다' 는 비유 속에서 어둠의 단면이 발견되기도 한다. 여기서 반드시 짚고 넘어가야 하는 부분이 절제적 이미지가 병렬로 처리되었다는 것이다. '금붕어가 떼로 몰려 물풀에 숨어 다닌다' 는 비유는 본래의 의미 뒤에 암시되는 일종의 형상화인 셈이다. 그리고 '내 손이 닿았을 때' 는 김명동 시인의 시세계가 '나' 중심의 시의식에서 '대중' 중심의 시세계관으로 이동되고 있음을 알 수 있다. 그의 시적 자아는 시세계와 분리되지 않고 동일화 되어 있음이 대중 중심의 시세계관을 가졌음을 뒷받침해주는 대목이다. 그리고 김 시인은 어떤 시적 상관물과 친숙을 꾀하려고 한다. 이것은 건전한 삶의 고뇌에서 얻은 그만의 시세계일 것이다. 그래서 시는 체험에서 얻어낸 잔상을 형상화한 것이라고 말 할 수 있는 것이다.

누룽지가 먹고 싶어도
그 잘난 전기밥솥은 누룽지를 만들지 못했다

－「양로원에 가면」일부

고도의 산업화가 인간에게 선물하는 것은 풍요로움과 편리함의 그 자체도 있겠지만 과거의 아름다운 추억을 파괴하기도 한다. 위의 예문을 든「양로원에 가면」의 일부분인 이 시는 산업사회의 발달로 인하여 누룽지를 먹고 싶어 하는 노모의 간절한 소망을 들어주지 못하는 안타까운 현실을 비판하는 시이다. 물질의 풍요는 아름다운 정신세계를 앗아간다. 그래서 오늘날 패션세계에서도 아름다운 정신세계를 찾고자 복고풍이 유행하는 것도 같은 맥락일 것이다. 도무지 뒤로 물러설 줄 모르는 고도의 산업화는 농촌의 학교를 폐교로 만들고 게임프로그램은 민족적 정신의 표징인 민속놀이를 말살하고 있다. 이런 현상의 뒤안길에는 인간이라는 이중성의 대상이 항상 존재하고 있다. 잠자리와 나비, 그리고 새들만이 날던 푸른 창공에 헬리콥터가 날고 비행기가 굉음을 내며 창공의 원주민들인 나비와 잠자리, 그리고 새들을 위협하고 있다. 생활의 편리성이라는 미명 아래 인간은 스스로 인간의 목을 조르고 있다. 이것도 일명 폭력이라 할 수 있다. 이러한 현실을 누룽지를 찾는 어머니를 통해 우회적으로 현실을 비판하고 있다. 전통적인 서정시에서는 보기 드문 비판 의식이다.

어둔 밤이 꿈틀, 몸을 바꾼다.
외등이 몇 개 다투듯 꺼지고 골목들이
반쯤 얼굴을 내민다

–「새벽시장을 가다」일부

아침햇살이 지펴 오를 때 외등이 꺼지고 반쯤 얼굴을 내미는 골목은 김명동 시인의 얼굴을 의미한다. 그 이유는

플레밍톤 시장을 오고 가며 앞만 보고 달려온 시간 속에서 찾아낸 조금 여유 있는 생활과 낯선 땅에서 얻어낸 노력의 부산물이기도 하기 때문이다. 특히 이 시에서는 서정시 속에 반드시 존재해야 할 시간의 현재성을 잘 살려낸 작품이다. 또 어떻게 보면 자기중심적인 생활의 단면들을 기록한 것에 불과하다고 폄하할 수도 있지만 김 시인은 개인적인 체험을 보편적인 묘사로 독자로 하여금 공감대를 이끌어낸다는 것에 주목해봐야 할 부분이다. 또한 사변적인 아닌 이성에 의한 시적 진술을 하기도 한다.

내면세계를 가꾸어 가는 길

김명동 시인은 감정이 매우 풍부한 시인이다. 쇠는 망치로 때리면 때릴수록 단단해 지는것과 같이 그의 이국땅에서 보낸 인생 역정도 그리 순탄치만은 않을 것이다. 이렇게 순탄치 않을 그에게 매우 메마른 인간미가 더 많을 것이라고 예단을 할 수 있으나, 그는 눈물 한 방울의 의미를 시적으로 담아낼 수 있는 감정이 매우 풍부하다는 것을 아래에서 예시된 싯귀절에서 충분히 찾아볼 수 있다.

린필드 초등학교 한 쪽 귀퉁이에 앉아 있는 듯
수줍게 서 있는 무궁화나무 한 그루
사람들이 등을 돌리고 멀어져 갈 때
우리에게 성큼 다가와 웃고 있네
아내의 그렁한 눈빛,

–「무궁화 나무」일부

김명동 시인이 현재 한국에 살고 있는 한국인이라면 시적 대상을 '무궁화나무'로 삼았을까 하는 의구심이 가는 것은 사실이다. 4대 열강 한가운데에 놓여 있는 한반도의 모습을 닮은 린필드 초등학교 한 쪽 귀퉁이의 무궁화나무를 보고 눈빛이 그렁그렁한 것은 김 시인 자신이 아니라 아내이다. 이 시에서 자기중심적인 사고의 틀을 깨기 위해 행위의 대상을 '나'에서 '너'로 변주한 것이다. 그래서 자신이 아닌 '아내의 그렁한 눈빛'으로 말미암아 시적 효과를 극대화시켰다고 볼 수 있다. 즉 일정한 방향으로 나아가던 글을 갑자기 엉뚱한 방향으로 바꾸는 비약법으로 무궁화나무에 대한 원관념인 조국, 고향, 친인척 등에 대한 그리움을 가일층 높였음이 감지된다. 그리고 '아내'라는 인물을 등장시킴으로써 '나'와 '너'라는 전체적인 의미를 표방하고 있다. 다시 말해 무궁화 꽃이 핀 한반도를 향한 애절한 마음은 우리 모두라는 의식을 일깨워 주고 있다.

여보게 자네! 방금 나에게
"니 하오마?"
그렇게 물었는가?

－「시드니 산책 · 1」 일부

위의 예문은 일종의 설의법으로 백인 우월주의에 대항하는 '나'의 행위에 대해 독자들로 하여금 스스로 답을 내리게 하고 있다. 분명히 김명동 시인은 코리아 메이드인데 차이나 메이드로 보는 백인들의 선입견에 대한 분노를 시적으로 승화시킨 부분이다. 어느 시인이든 작품을 쓸 때 감정조절이 필수적인데, 여기서 김 시인은 초극의 상태에서 시적 묘사를 함으로써 한국인이라는 확고한 정체성을 고정 시키고 있다.

이러하듯이 김명동 시인은 언어와 인종차별의 장벽에 대해 항전의 방법으로 詩라는 매체를 통해 산만해진 자신의 내면세계를 가꾸어 가는 길밖에 없다는 결론을 내리게 된다. 혼자 삭혀야 하는 가슴앓이인 것이다.

오늘도
아무 탈없이 하루를 보냈구나.

–「시드니 산책 · 2」일부

'오늘도/아무 탈없이 하루를 보냈구나' 라는 시적 화자의 독백적 진술은 결코 김명동 시인의 나르시시즘 narcissism이 아니다. 이 대목이 보여주는 이미지로 이국땅에서의 하루하루가 얼마나 힘겹게 사투를 벌이는 생활임을 알 수가 있다. 시인의 실제 경험을 문학이라는 보편적 가치를 통해 동질성을 느낄 수 있으리만큼 낱낱이 진술하고 있다. 또 그는 낭만주의 시절에 우울과 비탄조의 정서와는 확연히 다른 특성을 드러내기도 한다.

히잡에 힘이 빠진 이슬람소녀는
그저 넋 잃은 마네킹이 되어
서 있을 뿐이다.

–「자유의 거리」일부

'자유의 거리' 에서 힘없는 者가 자유를 갈구하는 아이러니한 현장이다. 정상적인 호흡과 혈관에 피가 흐르는 이슬람 소녀를 굳어 있는 마네킹으로 은유시킨 김명동시인의 詩의식은 자유라는 공통분모를 찾기 위함이다. 그리고 그 마네킹이 할 수 있는 것은 침묵으로 버티는 일이 고작이다. 그러한데도 그가 자신을 닮은 히잡을 쓴 이슬람 소녀를 마네킹으로 상징화 시킨 후 그 이슬람 소녀를 자신의 현실과 같은 동일선상에 놓고 바라보고 있는 것은 '버팀' 의 미학을 알기 때문이다. 즉 인고의 세월은 '자유' 라는 달콤한 선물을 부여할 것이라는 것을 미리 알아차렸기 때문이다. 자유는 낯선 땅에서 스스로 찾아야 한다는 자기 선언인 것이다

차창 밖 넋을 잃고 서 있는 6월
유칼립투스(Eucalyptus) 나뭇잎이
눈시울 붉히며 흩어지고

–「6월, 맥콰리 공원묘지가는 길」일부

'위의 구절은「6월, 맥콰리 공원묘지(Macquarie Cemetery)가는 길」의 일부분이다. 넋을 잃은 '6월' 은 누구이며, 눈시울이 붉은 '유칼립투스(Eucalyptus) 나뭇잎' 은 또 무엇인가? 유월의 한낮이 넋을 잃고 있는 것은 고난의 역경 속에서 함께 지내온 한 친구의 죽음이 김명동 시인을 눈시울이 붉은 유칼립투스(Eucalyptus) 나뭇잎을 만들었다.

갈매기들은 이제 나뭇가지에 앉아
날개 죽지 속에 고개를 넣고 있다
수은등이 나뭇가지 위의 걸인을 비추고 있다

저 걸인의 불안한 안식이 슬프다

–「저녁의 시드니 항구」 일부

'나뭇가지의 걸인' 은 갈매기가 은유된 것이다. 그러면서도 '걸인의 불안한 안식이 슬프다' 라고 했다. 날개가 달린 것조차 불안한데 날개가 없는 시적 화자의 불안은 신음소리를 낼 수밖에 없다. 이것이 바로 김명동 시인의 메타포이다. 뭉크의 절규보다 더 처절한 자유에 대한 절규를 조용히 그려내고 있다. 더 이상 감출 수 없는 불안한 내면세계의 진술이다.

시는 진술성이 강해야 독자들에게 큰 울림을 줄 수 있다. 독자들을 설득하려거나 아니면 설명하려는 것은 정치논리이지 결코 문학적 논리는 아니다. 적어도 문학은 비논리의 상태에서 창작이 이루어져야 한다. 특히 시의 수사학은 더욱 그렇다. 그러므로 김명동 시인은 갈매기를 '나뭇가지에 걸린 걸인' 으로 본 것이야 말로 시의 특성이 비논리임을 분명히 하고 있다.

허 참,
툭
떨어지는 눈물.

–「레드펀 거리의 아보리진」 일부

위의 구절은 「레드펀 거리의 아보리진」마지막 부분이다. '툭/떨어지는 눈물' 에서 눈물은 호주의 원주민인 아보리진의 것이다. 정말 아보리진의 눈물이었을까? 이 눈물은 일반 보편적인 눈물이다. 일반 보편적인 눈물이므로 김명동 시인의 눈물 또한 여기에 포함된다고할 수 있다. 앞서 언급한 바와 같이 김명동 시인은 자기중심에서 벗어나는 시를 쓴다. 그 이유 중의 하나는 주관적 묘사를 함으로써 독자들과의 거리감이 발생하는 것을 차단하기 위한 것이다. 자신의 눈물이면서도 호주의 원주민 아보리진이라는 인물을 등장시킨 이유도 이에 해당된다고 할 수 있다.

내 아들아,
너를 생각하면 눈물이 글썽인다.
(중략)
내 아들아,
너를 생각하면 허리가 아프다.
(중략)
내 아들아,
너를 생각하면 가슴에 피멍이 진다.
(중략)
그러나 내 아들아,
너를 보면 힘이 솟는다.
(중략)
너를 보면 하늘도 부끄럽지 않다.
(중략)
어깨에 힘주며 산다, 내 아들아.

–「내 아들아」일부

위의 구절은 「내 아들아」일부분이다. 다시 말해 김명동 시인이 지금까지 살아온 결론이 집약된 부분이다. 이 작품에서 시적 화자가 말하는 양상을 순서대로 보면 그 해답을 알 수 있다. 먼저 '허리가 아프다', '피멍이 진다', '힘이 솟는다', '부끄럽지 않다', '어깨에 힘주며 산다. 내 아들아' 이다. 지금까지 고난의 역경을 딛고 낯선 이국땅에서 언어와 인종차별, 그리고 향수에 대한 절규 등과 싸우며 살아온 이유가 사실적으로 나타나 있다. 지나온 과정을 선명하게 그려내기 위해 그는 감정조절이 조금은 원만하지 못한 것도 사실이다. 그래서 김명동 시인의 시집 제목이 왜「내 아들아」인지를 이제 분명하게 알 것 같다. 이것은 대한민국 모든 아버지들의 역사이다.

너를 보면 하늘도 부끄럽지 않다.

우리는 바다이고 바다는 우리이고 우리는 김명동 시인이다. 그렇다면 김명동 시인은 바다이다. 그의 목마름이 있어 좌절하지 않았다. 그것은 아래의 구절을 보면 알 수 있다.

바다가 달려와 거품 토하고
우리 앞에 쓰러질 때
우리는 바다의 처절한 목마름을 보았다

–「바다에 와서」일부

대륙은 다섯 지역으로 나뉘어져 있어도 바다는 하나이다. 바다는 섬을 만들어도 섬은 바다를 만들 수 없다. 그렇게 나뉘어져 있지 않은 바다의 처절한 목마름을 김명동 시인은 땅위에서 보고 있는 것이다. 아이러니가 아닐 수 없다.

앞서서 바다는 우리이고, 우리는 바다이고, 그래서 바다는 김명동 시인이라고 했다. 결국은 '바다의 처절한 목마름'은 '내 아들아'를 위한 김명동 시인 자신의 목마름인 것이다. 그래서 김명동 시인의 시의식은 현실적인 상황을 문학의 제1차적인 관심으로 가져오는 모방론적인 관점으로 봐야 한다.

옛 조상들의
무덤가에 수북하게 쌓인
솔잎새 떡깔잎새를 긁으며
우리 삼남매는
메아리처럼 울었다.

-「삼남매」 일부

그의 가난은 그 앞에서 물러설 줄 모르고 메아리처럼 다시 돌아오곤 했다. 삼남매는 그렇게 메아리처럼 울었다. 가난의 메아리는 메아리로 늘 되돌아왔다. 어릴적 회상은 매우 아름답다. 슬픈 일이든 기쁜 일이든 하여간 아름답다. 메아리처럼 울던 지난날의 아픈 기억을 조심스레 묘사를 하고 있다. 이 작품에서 아팠던 지난날의 상처를 건드리지 아니하고 조용히 시적 진술을 하고 있는 것이 매력적이다.

파르르
문풍지 소리
흰 달빛
건너 마을 개 짖는 소리.

-「유년의 시골집」 일부

인간이 잊지 못하는 것 중에서 하나가 자신의 탯줄은 묻고 잔뼈들이 자란 어느 산촌의 작은 마을일 것이다. 「유년의 시골집」이라는 시에서 한 편의 드라마처럼 자신의 자화상을 펼치고 있다. 이렇듯이 김명동 시인은 내용담기에 급급한 면이 있기는 하지만 언어의 시적정감을 살려내는 면면을 그의 작품에서 찾아볼 수 있다. '저 소리 들리지' 라는 반복법을 구사하면서 작품의 내용을 특별히 강조하기도 하고, '문풍지', '흰 달빛', '개 짖는 소리' 등 정감 있는 시적 언어들을 병렬로 배열하여 여백의 문법으로 언술 묘사를 극적으로 처리하고 있다. 경제성을 바탕으로 한 압축의 원리를 가진 시의 성질을 그대로 따르고 있다는 얘기다.. 또 '문풍지', '흰 달빛', '개 짖는 소리' 는 추상적인 개념으로 음성, 문자, 언어 등과 같이 의미의 운반체를 가리키는 시니피에를 자동적으로 떠올리게 한다.

38선이 잘리면서
붉게 물든 겨울
(중략)
끌려간 아버지
눈밭에 발자국 남기고
걸어오실까
사립문 열어 놓았더니
우 우 대숲 바람만 들어오고
속절없이 비워가는
어머니의 가슴은
눈밭이 되어갔다

–「어머니 가슴」일부

아버지에 대한 그리움이 절정에 이르게 한 주관적 묘사 장면이다. 이데올로기가 그에게 가져다 준 한 가정의 파괴

아버지에 대한 그리움이 절정에 이르게 한 주관적 묘사 장면이다. 이데올로기가 그에게 가져다 준 한 가정의 파괴와 폭력성에 대한 비판이기도 하다. 그러면서도 격정적이고 육감적인 어휘의 효과적인 배열에서 이지미화를 살려내는 효과를 충분히 살리고 있다. '38선이 잘리면서 붉게 물든 겨울' 은 복합적인 병치은유로 볼 수 있다. 이 구절을 좀 더 섬세하고 분석해 보면 '붉게 물든 겨울' 은 '하얀' 색깔이 아닌 '붉은' 색깔로 이데올로기에 대한 상징이다. 또 '붉은 겨울' 과 '어머니의 가슴은 눈밭 되어' 라는 분명한 색깔의 대조로 이데올로기의 폭력성을 구체화하고 있다. 사변적인 묘사가 아니라 체험에 의한 잔상을 현상화 하여 시적 묘미를 한층 끌어 올리고 있음을 볼 수 있다.

고향이라 찾아가니
문 앞에 쪼그리고 앉아 있던 고향이
원망어린 눈으로 바라보며
어서오라 한다

–「고향집」일부

원망어린 눈빛으로 바라보고 있지만 고향은 언제나 어서오라 한다. 자주 찾아보지 못한 고향에 대한 죄스러움과 따뜻하게 맞이하는 고향에 대한 감사하는 마음이 동시에 상존하는 장면을 대구법으로 묘사하여 자아성찰을 하고 있다. 여기에다 김명동 시인은 시인의 실제적 경험을 시인의 상상적 체험으로 독자들에게 다가가려고 한다. 이러한 사실이 김명동 시인의 시세계를 이해하려는데 가장 공감대가 형성되는 부분일것이다. 그의 시적 대상은 체험을 중심으로 하며, 그것으로부터 시적 묘사가 출발한다고 하여도 지나침이 없을 것이다.

까만 한 점으로 보일 때까지 깊숙이 걸어서
명백하게 혼자임이 으스스 무서워질 때
뒤돌아보며
서 있던 이 바위도 흐릿해지면
되돌아 건널 수 없는
차라리 편안한 강이 되겠지.

–「나에게 띄운 편지」일부

김명동 시인의 지난 날 격정의 세월을 깊게 되새기게 하는 부분이다. 죽음은 어느 누구에게나 불안의 대상이며 피할 수 없는 숙명적인 것이다. 다시 자연으로 돌아가야 하는 인간에게 필연적으로 취해야 할 태도를 일깨워주고 있다. '차라리 편안한 강이 되겠지' 라며 시적 화자는 죽음을 초월한 의연한 자세를 보여주고 있다. 그의 일관된 내면세계가 고요하게 육화 되고 있음이다.

이제 결론으로 돌아와 김명동 시인의 시집 출간을 진심으로 축하하면서 앞서 언급한 바와 같이 김명동 시인의 역사는 모든 대한민국 아버지의 역사이다. 이렇게 삶이나 현실이 함께 모여 문학적 관심의 대상을 삼아 시로 승화 시킨 김명동 시인의 문학세계는 에이브럼(Abrams, M、H)이 분류한 문학에 대한 세계인식 네 가지 방법 중에 모방론 관점에 해당된다고 볼 수 있다. 그렇게 말 할 수 있는 것은 역사, 문화, 경제, 사회 등이 모두 문학적 대상이 될 수 있기 때문이다. 그러므로 김명동 시인의 시세계 역시 삶에서 얻은 현장체험을 시적으로 묘사한 부분이 많아 모방론적 관점으로 볼 수 있다고 하겠다. 치열한 다툼 속에서도 부드러움을 잃지 않았던 김명동 시인, 그리고 자기중심적 사고에서 벗어나 타인 중심으로 시적 사유를 끌어 들이는 것은 매우 신선함을 가져다준다. 이와 같은 것들이 김명동 시인의 시세계 일것이다.

2009년 8월1일 심은섭

김명동 시인 제1시집

내 아들아

인쇄 2009년 8월 8일
초판 1쇄 발행 8월 10일

지은이 김명동
펴낸이 전형철
편 집　유진플러스
웹디자인 오정원

펴낸 곳 도서출판 모던
등록번호 제 16-9544 / 2003년 10월1일

인쇄　유진플러스
후원 월간 모던포엠

서울시 중구 을지로 3가 326 상지빌딩 201호
전화 02-2271-0050 팩스 02-2272-1005
이메일 mopo64@hanmail.net

ISBN 978-89-93369-03-8 03510
정가 9.000원